dtv

WILL CUPPY

WAS ICH AM FRÜHLING HASSE

Über Singvögel und
andere Nervensägen

Aus dem amerikanischen Englisch
von Lutz-W. Wolff

Mit Illustrationen
von Wolf J. Gruber

dtv

Die Originalausgabe erschien 1931 unter dem Titel
›How to Tell Your Friends from the Apes‹ bei Liveright, New York.
Die vorliegende Übersetzung wurde um das erste Kapitel gekürzt.

Von Will Cuppy ist bei <u>dtv</u> außerdem lieferbar:
Wie man ausstirbt und weitere nützliche Tipps aus der Tierwelt (28150)

**Ausführliche Informationen über
unsere Autoren und Bücher
www.dtv.de**

Deutsche Erstausgabe
© 2005 Phyillis Feldkamp
© der deutschsprachigen Ausgabe:
2020 dtv Verlagsgesellschaft mbH & Co. KG, München
Umschlaggestaltung: dtv unter Verwendung
einer Illustration von Wolf J. Gruber
Gesetzt aus der Minion
Satz: Gaby Michel, Hamburg
Druck und Bindung: Pustet, Regensburg
Gedruckt auf säurefreiem, chlorfrei gebleichtem Papier
Printed in Germany · ISBN 978-3-423-28216-1

Wo haben Sie diese Giraffe her?

INHALT

Für Isabel Paterson,
der ich immer meine Bücher
widme.

ALLE VÖGEL SIND SCHON DA

WAS ICH AM FRÜHLING HASSE

Ich bin kein Vogelfreund, was immer die Leute behaupten mögen. Ich könnte das Sigmund Freud, ohne mit der Wimper zu zucken, direkt ins Gesicht sagen. Trotzdem weiß ich natürlich Bescheid.

Vogelfreunde sind völlig in Ordnung – ich sage nur, dass ich keiner bin. In der Regel sind es sehr nette ältere Herren. Sie haben keinerlei Skrupel, das Blaue vom Himmel über ihre Lieblinge herunterzulügen, das mag ich. Wenn man mich je beschuldigen sollte, dass ich den Bauern die Ernte wegfresse, dann hätte ich gern so einen Vogelfreund als Verteidiger.

Ich weiß, dass ein Dasein ohne unsere gefiederten Freunde für viele meiner Mitmenschen eine einzige Qual wäre. Ich glaube, ich bin einfach anders.

Wenn einer diese Vogelfreunde bei seinen Wanderungen durch Wald und Feld zum Beispiel auf einen Pewee oder Neuweltfliegenschnäpper stößt, dann geht ihm das durch Mark und Bein. Echt jetzt. Für ihn ist das ein ganz besonderer Tag, ein Tag, den man im Kalender rot anstreicht. Geprägt von etwas Heiligem und Schönem, das einem niemand mehr wegnehmen kann. Ich wiederum kann alles, was mich beim Anblick eines Fliegenschnäppers bewegt, in der kurzen Zeit aus-

13

leben, die ich brauche, um einen Ziegelstein aufzuheben.

Vielleicht sollte ich das lieber nicht zugeben, aber ein Fliegenschnäpper bedeutet mir eigentlich gar nichts, außer wenn er unerträglich zwitschert und piept. Wenn er sich einigermaßen ruhig verhält, ist ein Pewee einfach nur ein Fliegenschnäpper für mich, mehr nicht. Wenn ich gerade zum Nachdenken aufgelegt bin, wenn ich ihn sehe, fällt mir wahrscheinlich ein, dass er voller Ungeziefer ist. Irgendwelche philosophischen Gedanken weckt er dagegen nicht bei mir. Ich schlage den Kragen hoch und haste vorbei. Ich bin nicht so der Pewee-Typ – und war bisher immer stolz darauf.

Verstehen Sie mich bitte nicht falsch. Ich hab überhaupt nichts gegen die Vögel. Wir können ruhig Vögel haben, wenn auch in Maßen. Ich plädiere keineswegs für ein allgemeines Massaker an den Gefiederten, jedenfalls nicht gegenwärtig. Die Zeit ist noch nicht reif für eine so drastische Maßnahme; und ich bin mir gar nicht sicher, ob ich sie befürworten würde. Wenn dieses Buch überhaupt einen Geist atmet – und ich kann Ihnen versichern, dass es während der Niederschrift Momente gab, na ja, lassen wir das –, dann ist es, wollte ich sagen, der Geist der Toleranz. Also machen wir gute Miene dazu.

14

Ich hoffe sehr, dass nicht alle Vögel so sind wie die Vögel auf Jones Island[1]. Es muss ein paar wirklich großartige geben, oder zumindest haben sie dem verewigten Mr. Audubon, Mr. Thoreau und Mr. Burroughs nur ihre allerbeste Seite gezeigt. Ich dagegen schreibe, eher bekümmert als wütend, als jemand, der nur das Schlimmste mit ihnen erlebt hat. Als Spezies sind die Vögel von Jones Island wahrscheinlich ganz einwandfrei, aber als Individuen lassen sie doch viel zu wünschen übrig. Irgendwie sind sie Rowdys geworden.

Es hatte sicher seine Berechtigung, dass die Herren Audubon, Thoreau und Burroughs diese fabelhaften Vogelbücher geschaffen haben, aber ich kann mich des Eindrucks nicht erwehren, dass sie damit auch einige bedauerliche Tendenzen gefördert haben. Und damit keine Missverständnisse aufkommen: Ich glaube auch, kein besserer Autor als sie zu sein. Sie kannten ihre Vögel und hatten immer auch gleich einen Namen für sie, das muss der Neid ihnen lassen. Ich selbst habe nie feststellen können, welcher Vogel zu welchem Krach gehört. Ich weiß nur, dass manche noch schlimmer als andere sind.

1 Anmerkung des Übersetzers: Cuppy lebte von 1921–1929 als Einsiedler in einer Hütte auf Jones Beach Island.

Außerdem weiß ich, dass ich allmählich erschöpft bin. Jeden Sommer, jeden ohrenbetäubenden Frühling wird es schwerer, mich trotz dieser Unzahl von Vögeln in meiner Umgebung zu konzentrieren. Deshalb erhebe ich jetzt mal meine Stimme.

De facto haben wir es hier draußen auf meiner Sandbank gerade mit einem der interessantesten Experimente der Evolution zu tun, und ich und die kleinen Vögelchen sind die Exponate. Ich nehme an, dass die Vögelchen überleben. Sie brauchen kein Geld zu verdienen, und ich störe sie kein bisschen. Aber es ist höchst zweifelhaft, ob ich weiter Bücher rezensieren kann, wenn sie mir täglich dreiundzwanzig Stunden lang in die Ohren kreischen, pfeifen, quaken, trillern und zwitschern. Manchmal bin ich in der Lage, in den frühen Morgenstunden ein paar Minuten zu schlafen, aber die meiste Zeit liege ich wach und lausche unfreiwillig den begeisterten Gesängen aus Tausenden, nein, Millionen ekstatischen Kehlen, die beweisen, dass ihr Geschlechtsleben funktioniert. Wie schön für sie!

Ach, ich! Wahrscheinlich ist es alles meine Schuld – ja, natürlich! Mehr als ein Psychologe hat angedeutet, dass mit einem einsiedlerischen Intellektuellen, der sich an dem Gepiepse und Gekreische der rohen Natur nicht freuen kann, während er seine schlichten Texte

16

verfasst, etwas nicht stimmt. Ich dagegen sage, dass bei den Vögeln etwas nicht stimmt, und zwar ganz gewaltig nicht stimmt, die einem armen Schreiberling keine fünf Minuten Ruhe gönnen, in denen er sich seine Zeilen abquält.

Pedanten bitte ich, meine Beschreibung der Vogelgeräusche zu überspringen. Ich finde, dass die meisten Vögel, wenn man nichts hineininterpretiert, immer bloß *säg, säg, säg* machen. Es gibt allerdings auch den *plop*-Typ und die *phut-phut-phut-* und *kratz-kratz-* Varianten – die Details können Sie in den Einzelartikeln nachlesen.

Man kann die Vogelwelt von Jones Island aber auch anders aufteilen: Manche klingen wie quietschende Kreide auf einer trockenen Schultafel, andere klingen, als ob man ins Spundloch bläst, und wieder andere erinnern den Hörer an spitze Bohrer, die sich in die empfindlichsten Teile des Hirns wühlen. Ein anderer Vogel, dem ich gerne den Hals umdrehen würde, stößt ein zyklisches Zischen aus, das auch einen Höhlenmenschen zum unheilbaren Neurotiker machen würde, wenn er ihm fünf Minuten lang ausgesetzt wäre. Ich denke, man wird es mir nachsehen, wenn ich den Jones-Island-Zischer für eine ernstzunehmende Bedrohung der amerikanischen Literatur halte.

17

Bis jetzt ist es mir nicht gelungen, ein Exemplar für die Wissenschaft sicherzustellen. Jedes Mal, wenn ich alles stehen und liegen lasse (einschließlich meiner Karriere), nach dem Schürhaken greife und das Epizentrum der Störung erreicht habe, haben irgendwelche niedrigen Instinkte den Musikanten gewarnt, und er verlagert seine Tätigkeit an einen Ort knapp außerhalb meiner Reichweite. Tierische Wut und böse Blicke scheint die Biester nicht im Mindesten zu stören. Sie gedeihen ganz prächtig dabei. Es inspiriert sie geradezu.

Ein Großteil der Vögel auf Jones Island verdankt seine Gesundheit lediglich seiner Tarnkleidung. Trotzdem glaube ich, dass ich gestern so eine Strandammer mit einer Austernschale genau auf den Schnabel getroffen habe.

Nach sorgfältigem Studium meines Vogelbuchs vermute ich, dass der Kerl, der nachts in unregelmäßigen Abständen auf meinem Wäscheständer herumkreischt, eine Großtrappe ist. Manchmal bringt er sogar eine Kleintrappe mit. Nashornalke gibt es hier zum Glück nicht. Da bin ich echt froh.

Auch Nachtigallen gibt es hier nicht. Sonst müsste ich mich noch den Worten des milden Elias anschließen, der zu Wordsworth sagte: »Wenn ich deswegen nicht schlafen kann, sehe ich keinen großen Unterschied zwischen Nachtigallen und Katzen.« Meiner Meinung nach hat noch keine Katze so schauerlich gemaunzt, wie eine Veilchenente klagt, geschweige denn wie eine Nachtigall.

Die Nachtigall hat es bisher nicht nach Amerika geschafft, aber irgendwann kommt sie, das können Sie mir glauben. Irgendjemand holt sie bestimmt. Mehr möchte ich darüber nicht sagen, sonst gibt es noch Ärger.

Manchmal glaube ich, dass wir Bobolinks hier haben – Reisstärlinge. Wenn ich darüber rede, verliere ich schnell die Nerven. Ich glaube, viel von dem Unglück, das mich später befallen hat, hat damit zu tun, dass ich in der Schule mal ›Robert of Lincoln‹ aufsagen musste, wie dieser Vogel auch oft genannt wird. Alle acht Strophen mit »Spink, spank, spink« und so weiter. So was wird man nie wieder los. Ich glaube, »Spink, spank, spink« ist die übelste Zeile innerhalb und außerhalb unserer Lyrik, außer vielleicht »Chee, chee, chee«. Dicht gefolgt natürlich von »Cuckoo, jug-jug, tu-whee, to-whitta whoo«. Die Entscheidung, ob der Verfasser dieser Zeilen nüchtern oder betrunken war, überlasse ich einer geneigten Jury.

Inzwischen versuche ich, etwas freundlicher über die

Vögel zu denken. Man darf ihnen nicht allein die Schuld geben. Sie waren ja ursprünglich Reptilien, wissen Sie? Das erklärt doch wohl eine Menge. Das nächste Mal, wenn wieder eine Feldammer meine Suche nach dem richtigen Verb mit ihrer gezwitscherten Arie stört, zähle ich einfach bis zehn und denke dabei: »Was soll man schon groß erwarten? Ist ja bloß ein genmanipuliertes Reptil.«

DAS ROTKEHLCHEN

Das Rotkehlchen gilt als Frühlingsbote, weil es so viel Krach macht. Es fängt im März bei Tagesanbruch unter deinem Fenster an zu singen und macht mit kurzen Unterbrechungen für seine Mahlzeiten so lange weiter, bis du in die Psychiatrie eingeliefert wirst. In Amerika gibt es keine Rotkehlchen, aber dafür Red Robins. Das sind eigentlich Drosseln, und obendrein noch etwas größer und lauter. Sie sind außerordentlich fröhlich. Ihre Botschaft lautet: *Tschirili, tschirili, tschirili, cheerily cheer-up!* und wird mit lauter, kräftiger Stimme *ad libitum* und etwas schräg wiederholt. In unserer Sprache heißt das, dass alles zum Besten steht: Es lohnt sich zu lächeln, gute Worte sind mehr wert als Kronen, und Gott ist Liebe![1] Das Rotkehlchen überlebt oft unseren nördlichen Winter und Ziegelsteine.[2] In der Landwirtschaft hilft das Rotkehlchen, indem es schädliche Insekten wie Japankäfer, Biskuitkuchen und Kirschen frisst. Das ist sehr nett, wenn man nicht gerade Kirschen anbaut. Wenn das Rotkehlchen größer wäre, würde es in den Läden Dörrpflaumen stehlen und nach Baumes Law in den Knast kommen. Aber so kann man nicht sehr viel machen. Das Rotkehlchen hat eine leuchtend rote Brust. Das Weibchen ist etwas dunkler. Das Rotkehlchen hüpft hinter dem Gärtner her und pickt ausgegrabene Regen-

---

1 Das ist der Gesang. Der einfache Ruf lautet piep-piep oder zi-zi oder gluup-gluup. Das bedeutet entweder: »Hurra, der Frühling ist da, Jungs!« oder »Ach, ich wünschte, ich würde noch einen Wurm finden!«
2 In Italien gehen sie damit viel besser um. Es gehört zu den Freuden einer Autotour durch die Abruzzen, dass man die örtliche Rotkehlchen-Miliz bei einer Safari begleiten und anschließend eine dampfende Schüssel *Merli alla cacciatore con polenta* oder »Rotkehlchen nach Jägerart« mit reichlich Knoblauch verzehren kann.

22

würmer und frisch gesäte Körner auf. Es kennt so viele niedliche Tricks, dass es manchmal fast menschlich erscheint, und mehr können wir ja auch von unseren Liebsten nicht sagen. Rotkehlchen sind Zugvögel,[3] deshalb können diejenigen, die sie nicht mögen, sich in die andere Richtung bewegen. Angeblich sollen Teile der Sahara jedes Jahr für einige Wochen rotkehlchenfrei sein.[4]

3 Wie es scheint, sind Rotkehlchen für eine interessante Nervenkrankheit verantwortlich, deren Opfer der Wahnvorstellung unterliegen, jedes beliebige Rotkehlchen, das sie sehen, sei genau das Rotkehlchen, das sie schon im letzten Frühjahr gesehen haben. Die Erkrankten glauben oft jahrelang, der Vogel sei eigens aus dem Winterquartier zurückgekehrt, um sie zu besuchen.
4 Das Rotkehlchen legt gern den Kopf schräg und schaut dich an, man weiß aber nie, was es denkt. Vielleicht ist das aber auch besser so.

DER ZAUNKÖNIG

Der Zaunkönig ist ein sehr zutraulicher Vogel. Er liebt uns um unserer Selbst willen und nicht etwa, weil wir ihm Kost und Logis geben. Ob dich der Zaunkönig wirklich liebt, lässt sich dadurch feststellen, dass man sich seine Krallen um den Hals legt. Dabei muss der Kopf auf deiner Schulter ruhen. Dann sagt man wiederholt: »Ach, wie lieb er mich hat.« Wenn er pickt oder zubeißt, versucht man es besser mit einem anderen Exemplar. Zaunkönige sind unsterblich. Die Statistik besagt, dass sie zu 99,35 % polygam[1] und auch sonst emotional instabil sind. In der Tat hat die Beringung Zustände wie im alten Rom und kurz nach dem Ersten Weltkrieg bei den kleinen Kerlen aufgedeckt. Dabei werden die Zaunkönige auch noch von wohltätigen alten Damen unterstützt, die glauben, dass sie etwas Gutes tun. Das Nistkastenproblem wird jedes Jahr kritischer, weil die Zaunkönige mittlerweile nicht nur bessere Unterkünfte, sondern auch arbeitssparende Geräte

1   Auf englische Zaunkönige trifft das nicht zu. Viscount Grey of Fallodon versichert uns: »Britische Vögel sind monogam; es gibt nur sehr wenige Ausnahmen.« Viscount Greys Ausnahmen sind der Kuckuck, der Kampfläufer und die Kampfläuferin, der Auerhahn und das schwarze Rebhuhn. Aber die englischen Zaunkönige sind Troglodyten, und was man von denen halten soll, weiß man ja.

und verkürzte Arbeitszeiten verlangen. Der Zaunkönig hat einen Stummelschwanz und einen boshaften Gesichtsausdruck. Sein perlend süßer Gesang bedeutet, dass er gerade die Eier einer Feldammer aufgepickt und das Nest eines Rohrsängers demoliert hat und jetzt ein paar Meisenbabys ermorden wird.[2] Die Zaunkönigin füttert ihre Jungen 971 Mal am Tag, damit sie groß und stark wie Papa werden. Beim gewöhnlichen Gespräch sagen Zaunkönige *zick-zick, tschiep-tschiep* und *wie-udel, wie-udel.* Wenn man Zaunkönige in seinem Garten haben will, muss man sich einen Rotkehl-Hüttensänger (Bluebird) wünschen. Dann kommen sie massenhaft.

2 Auf der anderen Seite soll eine Zaunkönigin, die in der Nähe eines Mr. Innes in Bandrakehead in Colton, Westmoreland, gelebt hat, im Juni 1835 zwei Meisenjunge, die ein grausamer Sportsmann zu Waisen gemachte hatte, adoptiert und mit größter Fürsorge aufgezogen haben. Wir verdanken diese Geschichte einem Geistlichen, der die Gabe hatte, ungewöhnliche Dinge zu sehen und daran festzuhalten.

DER KUCKUCK

Der Kuckuck ist seit den ältesten Zeiten bekannt, aber immer noch gut in Form. Er hat keinerlei Sinn für Verantwortung. Die Kuckucksweibchen legen ihre Eier deshalb bei anderen Vögeln ins Nest[1] und widmen ihre

---

1 Manche Leute sagen, das Kuckucksweibchen lege sein Ei auf den Boden und befördere es dann mit dem Schnabel ins Nest seiner Opfer. Dieses Verhalten soll am 24. Juni 1838 von zwei schottischen Knaben beobachtet worden sein, den Söhnen von Mr. Tripeny, eines Bauern aus Coxmuir, und später noch einmal von Adolf Müller, einem Förster aus Gladenbach in der Nähe von Darmstadt, der den Vorgang durch ein Fernrohr gesehen hat. [Tatsächlich ist das Kuckucksweibchen sehr raffi-

gesamte Zeit Dingen, über die man besser so wenig wie möglich erzählt. Sie betreiben Vielmännerei, und die Männchen sind zygodaktyl. Sie tun, was sie wollen, und wenn irgendein anderer Vogel sie aufhalten will, fliegen sie einfach weg und tun es woanders. Die Kuckucksjungen werden von Heckenbraunellen, Wiesenpiepern und Bachstelzen ausgebrütet und gefüttert,[2] deren legitime Nachkommen sie aus dem Nest stoßen, um alle Würmer allein zu fressen.[3] Der Ruf des nordamerikanischen Gelbschnabelkuckucks wird oft für das Geräusch gehalten, das ein Milch trinkender Bluthund verursacht: *schlapp-schlapp-schlapp*. Der Häherkuckuck aus dem Himalaja dagegen macht: *kark-kark, burru-burru* oder *ointsch-pekoe, ointsch-pekoe*. Kuckucke heiraten nie.[4]

niert: Es legt seine Eier in jedem Land bei anderen Vögeln ins Nest und versteht es sogar, sie so aussehen zu lassen, wie die der unfreiwilligen Eltern – mal rötlich oder braun gesprenkelt, mal blau. In Deutschland fallen ihm Neuntöter, Bachstelzen, Baum- und Wiesenpieper und sogar Zaunkönige zum Opfer, obwohl die ein rundes Kugelnest mit sehr kleinem Loch bauen. Da muss das Kuckucksweibchen dann schon mal den Schnabel zu Hilfe nehmen.]

2 Die Heckenbraunelle ist bloß so eine Art Spatz, aber kein Sperling, sondern mehr eine Drossel. Genau genommen habe ich gar nicht rausgekriegt, was eine Heckenbraunelle ist. Ich will nur zeigen, dass ich sehr gründlich bin.

3 Amerikanische Kuckucke tun all diese schrecklichen Dinge nicht, sondern heiraten, zahlen ihre Eigenheimnester ab und ziehen ihre Kinder selbst auf. Aber Kuckucke sind sie trotzdem.

4 Wenn man sie wegen ihrer Ablehnung des häuslichen Lebens be-

27

Kuckucke mögen verrückt erscheinen, aber wenn man sich vor Augen hält, dass jeder von ihnen täglich achthundert haarige Raupen frisst, braucht man sich nicht zu wundern.[5] Kuckucke sind Zugvögel, aber sie wandern bei Weitem nicht weit genug. Für Dichter und andere Autoren ist der Kuckuck ein Gottesgeschenk. Das Bedürfnis, über den Kuckuck zu schreiben, lässt sich nur dadurch stoppen, dass man rigoros damit aufhört.[6]

fragt, zucken die Kuckucksweibchen bloß mit den Schultern und sagen, sie wüssten schon warum. Das ist immer eine sehr fragwürdige Ansage.
5 Bei Kuckucks-Studien ist es entscheidend, sich immer vor Augen zu halten, dass man es mit einem Kuckuck zu tun hat. Was bei einer Kropftaube unpassend oder verwerflich wäre, ist bei einem Kuckuck völlig in Ordnung. Hier kann sich unsere zeitgeistige Toleranz mal so richtig austoben. Schließlich sind die armen Vögel ja nicht freiwillig Kuckucke, oder?
6 Ich habe keine Ahnung, warum besonders die Dichter den Kuckuck so kongenial finden. Und wenn ich eine hätte, würde ich mich hüten, sie zu veröffentlichen.

DER TÖLPEL

Der Tölpel ist so eine Art Gans. Er baut sein Nest auf den Klippen und frisst Fliegende Fische, Heringe und Tintenfische. Sein Lieblingssport besteht darin, sich aus großer Höhe auf einen Unterwasserfelsen zu stürzen, den er für einen leckeren Fisch hält. Nach jedem solchen Tauchgang gibt es einen Tölpel weniger. Der Tölpel ist sparsam. Er hortet seine Vorräte, die ihm dann die Fregattvögel stehlen.[1] In Kalifornien findet man gelegentlich den blaugesichtigen Tölpel, der seinen Namen wegen der rötlichen Füße trägt. Andere Tölpel haben schwarze, braune, türkisfarbene oder leuchtend blaue Füße und bewohnen verschiedene Teile des British Empire. In seinem Reich geht die Sonne nie unter. Sie haben stets reichlichen Nachwuchs. Wenn er sich den Balzplätzen nähert, fliegt der Tölpel mit sechzig Meilen pro Stunde, weil er hofft, lebenslang glücklich zu werden, sobald er dort ankommt.[2] Das Männchen hilft, die Eier auszubrüten, und oft genug tut es ihm

---

1 Anm. d. Übers.: Es handelt sich eher um Raub als um Diebstahl: Vor allem die Fregattvogelweibchen attackieren die Tölpel, wenn sie mit ihrer Beute zum Nest zurückfliegen wollen.
2 Ich weigere mich, die jungen Tölpel wegen dieser Idee zu verspotten. Wenn es ihnen hilft, ein paar Wochen lang glücklich zu sein, soll man es ihnen doch gönnen, nicht wahr?

nachher leid. So vernünftig ist er immerhin doch. Junge Tölpel sind nicht unattraktiv, aber sie werden erwachsen. Die Tölpel schwimmen in großen Schwärmen hinaus aufs Meer, verirren sich aber nie.[3] Wie Fossilien belegen, sind sie immer schon Tölpel gewesen. Wenn es keine Tölpel gäbe, müsste man sie erfinden. Sie quaken, grunzen und pfeifen. Heine hat gesagt, er liebe die Tölpel, weil sie so gute Geschichten hergeben.[4]

3 Natürlich gesellen die Tölpel sich gern zu den Noddis. Sie schätzen den Gemeinen Noddi, den Kleinen Noddi, den weißköpfigen Noddi, den graublauen Noddi und den hawaiianischen Noddi. Der Gemeine Noddi ist viel kleiner als der Tölpel. Der Kleine Noddi ist sogar sehr viel kleiner als der Tölpel.
4 Der Tölpel ist ein hervorragender Vertreter der Gannets oder Sulidae. König der Gannets war ein Albatrosweibchen, das sich auf den Färöern unauffällig unter die Tölpel gemischt hatte und über dreißig Jahre lang bei ihnen lebte, bis es am 11. Mai 1894 entlarvt und erschossen wurde. Der Tölpel ist nicht zu verwechseln mit Lewis Gannett, dem gutaussehenden Kritiker, Lebemann und Plauderer der *New York Herald Tribune*. Dass es sich bei den Tölpeln um Gannets handelt, habe ich deshalb sorgfältig verschwiegen, um die Leute nicht auf dumme Gedanken zu bringen. Lewis hat das missbilligt, weil er vermutet, dass die Leute sowieso längst auf dumme Gedanken gekommen sind. Ich glaube, es gibt trotzdem keinen Grund zur Beunruhigung: Der Name von Mr. Gannett wird ja mit zwei »t« geschrieben.

DIE NACHTIGALL

Die Nachtigall ist ein sehr literarischer Vogel, der vor allem in Gedichten vorkommt, die mit den Worten »Oh, Nachtigall!« beginnen und auf anderen Gedichten beruhen, die ebenfalls mit den Worten »Oh, Nachtigall!« beginnen. Die Nachtigall ist bekannt dafür, dass sie die ganze Nacht und den ganzen Tag singt. Sie singt am liebsten im Dickicht und dichten Hecken, wo man sie nicht erwischt. Beliebt ist sie vor allem bei Leuten, die etwas taub sind. Die Nachtigall wird die größte von unseren Sängerinnen genannt, weil sie genauso schlimm wie die Einsiedlerdrossel, die Lerche, das Rotkehlchen, der Dompfaff, der Gartentrupial, der brasilianische Blauscheitelmotmot und der australische Eulenschwalm ist. Die Nachtigall macht *düh, düh, düh, düh,* und dann schluchzt und schmettert sie drauflos, als wäre sie Beethovens 6. Sinfonie (Pastorale). Ungeschulte Hörer haben diese Töne mit einer ungeschmierten Achse, zwei ungeschmierten Achsen, einer quietschenden Pumpe und einfachem Krächzen verglichen.[1]

---

1 Agrippina, die Mutter von Nero, hatte eine Albino-Nachtigall, und ich bin fest überzeugt, dass das vielleicht einiges über den Kaiser erklärt – nichts Spezielles, einfach nur so im Allgemeinen. Auf jeden Fall ist Nero ein leidenschaftlicher Vogelliebhaber geworden.

Die Nachtigall singt mit der Syrinx, weil die Larynx ihr nicht genügt. Die Psychologie der Nachtigall ist völlig missverstanden worden. Das Männchen singt keineswegs, um seine Frau zu beeindrucken, die still im Nest sitzt und sich mit den Flügeln die Ohren zuhält. Es übt vielmehr für den alljährlichen Besuch bei der *British Empire Naturalists' Association* und sein Publikum bei der BBC. Bis zum 15. Juni steht es unter Hochspannung, und nichts kann es aufhalten, außer einer Ladung Schrotkugeln. Das Gefieder ist bei beiden Geschlechtern gleich, wie so oft bei musikalischen Vögeln. Die Nachtigall lehrt uns, dass es immer noch etwas mehr gibt. Wenn Sie alles hätten, was man mit Geld kaufen kann, gäbe es immer noch die Nachtigall.[2]

---

2 Ein schottischer Bauer soll nach einer Reise in den Süden von England bemerkt haben: »Also, ich würde für das Gezwitscher sämtlicher Nachtigallen auf der Welt keinen einzigen Schrei eines Brachvogels hergeben.« Die Nachtigall wird in Schottland und Wales nicht unterstützt (außer in Glamorganshire, wo es eine Kolonie von Naturfreunden gibt), und Irland betritt sie auf eigene Gefahr.

DIE KRÄHE

Die Krähe ist ruppig. Selbst in der Balzzeit gibt's bei ihr keine Koseworte. Während der Werbung füttert das Männchen das Weibchen zwar manchmal, aber dann besinnt es sich bald eines Besseren. Beim Brüten hilft es nicht. Es findet, es hat schon genug getan. Verheiratete Krähen verbringen ihre Zeit damit, sich zu streiten, hacken sich aber kein Auge aus. Dafür fressen sie die Saaten, reißen den Mais aus, vernichten den Salat, picken den Landarbeitern in die Augen, stehlen die Küken, verbreiten den Giftsumach, die Keime von Schweinepest, Krupp, Hufkrebs und Sohlengeschwüren. Aus diesen Gründen heißen sie Farmers Freund. Krähen baden, wenn es regnet. Ihre Nester sind mit Kaninchenfell ausgepolstert. Der Rabe heißt Ralph oder Grip.[1] Krähen halten Gericht über Krähen, die nicht wissen, wer der Bürgermeister ist. Nach vielem Krächzen von Richter und Jury werden die Angeklagten in Stücke gehackt, um ihnen eine Lehre zu erteilen. Anschließend fliegen

1 Wenn Sie zwischen den verschiedenen Mitgliedern der Krähenfamilie nicht unterscheiden können, sollte Sie das nicht beunruhigen. Mit Anekdoten über die großartige Intelligenz der Raben, Saatkrähen, Dohlen und Elstern konnte man lange Zeit gutes Geld verdienen, aber das Feld ist derzeit übersetzt und das Angebot viel zu groß. Manchen Leuten erscheinen Krähen aus gutem Grund intelligenter als anderen.

alle auf den nächsten Baum, um Unterschlagung, Ämterkauf, Mundraub und Betrug zu begehen. Sie stoßen ein paar Witwen und Waisen aus, belügen und hintergehen einander und machen dann neue Gesetze. Sie lachen herzhaft, sprechen das Abendgebet und begeben sich dann in den falschen Nestern zur Ruhe. Aristoteles beschrieb die Krähen als keusch. In manchen Wissensgebieten war Aristoteles einfach naiv. Ich werde oft gefragt, was das ständige *krah-krah* bedeutet.[2] Es bedeutet nicht das Geringste.

2 Die heutige Zeit ist für Krähenkritiker besonders aufregend. Sie fragen sich, ob die Krähen wirklich *krah-krah* rufen. Einige junge Moderne sind nämlich der Ansicht, dass sie in Wirklichkeit *karr! karr! karr!* sagen. Ein besonders mutiger Gelehrter hat sogar *wrack! wrack! wrack!* vorgeschlagen. Fakt ist natürlich, dass es ganz auf die einzelne Krähe ankommt.

34

DER STORCH

Der Storch ist ein traurig dreinschauender Vogel mit einem eigenartigen Sinn für Humor. Er liebt es, den Leuten Streiche zu spielen. Er steht zum Beispiel auf einem Bein und hält eine Windel im Schnabel, in der ein Na-Sie-wissen-schon zappelt. Dann legt er den Schnabel nachdenklich auf die Brust und denkt sich den nächsten Spaß aus.

Er hat ein supratemporales Schädelfenster, und darauf ist er sehr stolz. Störche nisten auf Schornsteinen. Es heißt, dass sie dem Haushalt Glück bringen, aber manche Haushalte brauchen einfach kein Glück mehr. Es geht dabei nicht so sehr um den Storch, sondern vielmehr um den Unterhalt. Sie kehren Jahr um Jahr zum selben Dach zurück, wenn die Familie blöd genug ist, das zuzulassen. Manche Störche lassen sich schulen, auf den Dächern der Nachbarn zu nisten. Aber sie kommen trotzdem immer wieder zurück. Das Wort »Verschwinde!« bedeutet einem Storch gar nichts. Er geht in die U-Bahn, fährt Taxi und fliegt auch mit Flugzeugen. Sogar unter Stachelbeerbüschen ist er schon gesehen worden, obwohl die eindeutig *gooseberries* heißen. Der Storch weiß alles. Er ist in allen Ländern zu finden, vor allem in der East Side von New York. Der Schwarzstorch ist ein Bewohner Afrikas, sagen die Leute.[1] In der Antike wurde der Storch als Sinnbild von ehelicher Treue, Landwirtschaftshilfen, Kehlkopfdiphterie und Lebensmittelrechnungen betrachtet.[2]

1 Der Waldstorch ist weniger bekannt, denn er lebt sehr zurückgezogen und kümmert sich um seine eigenen Angelegenheiten.
2 Die Thessalonicher verehrten die Störche. Ihre Ankunft wurde von der männlichen Bevölkerung alljährlich mit großer Freude begrüßt. Die Thessalonicher hatten eine gewisse Ähnlichkeit mit den Mormonen.

ABSOLUT SCHRECKLICHE VÖGEL

DIE GROSSE TRAPPE

Die Trappe bewohnt ferne Länder wie Turkestan, Südsibirien und Mesopotamien. Großtrappen werden gelegentlich auch in Großbritannien gesichtet, wo sie schon 1838 ausgestorben sind.[1] Sie neigen allerdings überall dazu auszusterben, denn sie sind so scheu, dass sie schon beim Anblick eines Fremden ihr Nest verlassen und die Eier verfaulen.[2] Deshalb nennen die Engländer und Amerikaner sie »Bustards«. In den guten alten USA hat es aber nie irgendwelche Trappen gegeben. Trappen sind hässliche braune Vögel, die ein bisschen so aussehen wie Truthähne. Sie mögen Steckrüben, Pastinaken, Getreide, Mäuse, Tausendfüßler und Gummi arabicum. Sie verbringen ihre Zeit mit herumtrappen. »Bustards« lassen sie sich nicht gerne nennen, sind aber doch welche. Ihr Liebesleben ist echt deprimierend. Der Trappenhahn besitzt einen großen Kehlsack, den

---

1   Die letzten Trappen in Großbritannien waren einige alte Hennen in der Nähe von Swaffham in Norfolk. Irgendwelche Männchen waren nicht in der Nähe. Manche Vogelkundler glauben, dass die armen Hennen sich zuletzt selbst umgebracht haben. Und es ist durchaus möglich, dass sie wussten, was sie taten.
2   Nach meiner Erfahrung haben Vögel, die so misstrauisch sind, selten viel zu bieten. Schöne Vögel sind meist vernünftiger, weil sie es gewohnt sind, dass man ihnen nachstellt. Sie können das richtig einordnen. Hässliche Vögel kennen sich einfach nicht aus.

er benutzt, um Weibchen auf eine Art und Weise anzulocken, die nur Trappen verstehen. Wenn er eine Henne sieht, bläst er den Sack auf, stolziert herum und stößt dabei Laute aus, die so klingen wie *prunt-prunt-prunt*.[3] Das Weibchen weiß ja nicht, dass er einen schizognathischen Gaumen und eine tracheo-bronchiale Syrinx hat, dass sein Metatarsus mit retikulären Schuppen bedeckt ist und dass ihm der ectipicondylare Fortsatz am unteren Ende des Humerus vollkommen abgeht. Die Kleinen Trappen sind eher noch schlimmer. Sie lassen sich – kurz vor Weihnachten – zähmen. Es gibt vierzig verschiedene Arten von Trappen.

---

3 Rein statistisch kann man sagen, dass Exhibitionisten nicht immer ideale Ehemänner abgeben, da sie ihre Gewohnheiten meist nicht abzulegen bereit sind und sich dabei auch nicht auf das häusliche Umfeld beschränken. Ich sage nicht, dass alle Exhibitionisten so sind, aber einige schon. Die Trappenhennen sollten das im Auge behalten, aber Sie wissen ja, wie es ist.

DIE EULE

Die Eule gilt als Vogel der Weisheit und Wissenschaft, weil sie so feierlich ist. Sie versteht keinen Spaß, weil ihr bestimmte Teile des Cerebrums oder Vorderhirns fehlen.[1] Sie schaut dich so durchdringend an, als ob sie alles über dich und deine Vergangenheit wüsste, aber letztlich ist das alles nur Hörensagen.[2] Viel Spaß hat die Eule jedenfalls nicht: Sie hat eine flache Symphysis, die Afterschäfte sind rudimentär, und ihre Nasenhaut ist kaum gefiedert. Dafür kann sie ihre Iris ausdehnen und wieder zusammenziehen, und ihre äußeren Zehen sind Wendezehen, die sowohl nach vorn als auch nach hinten gedreht werden können. Eulen fressen Ratten, Mäuse,[3] Wühlmäuse, Lemminge, Moorhühner und Koalas. Viele gutherzige Menschen haben Eulen jahrzehntelang mit Zucker zu füttern versucht. Dabei mögen Eulen gar keinen Zucker. Der Balzgesang der

1 Klugerweise verkauft die Eule ihre Mängel als großes Verdienst. Sie ist die Hauptverantwortliche für die weitverbreitete Ansicht, dass die höchste Form der Intelligenz darin besteht, keinen Witz zu verstehen. Typisch Eule, oder?
2 Das scheint ziemlich logisch, denn auch ausgestopfte Eulen sehen einen so durchdringend an, und die können dich ja wohl nicht psychoanalysieren! Oder doch?
3 Eulen töten jede Menge Mäuse, aber viele Leute hätten lieber die Mäuse. Mäuse enthalten die Vitamine A, B und G.

Schreieule[4], so heißt es, erinnert die Sünder ans Jüngste Gericht.[5] Der Streifenkauz macht *huu-huu-huu, hhhuu tu-huu-ah,* der Waldkauz (auch Shakespeare-Eule genannt) macht *ta-witt, tu-wuu* und die Schleiereule[6] *tchi-tchi.* Der große gehörnte Virginia-Uhu[7] verbringt seine Tage in dunklen Wäldern, alten Kirchtürmen und Friedhöfen und überlegt, wie er uns sonst noch in Angst und Schrecken versetzen kann. Wenn Ihnen all diese Vögel nicht so gefallen, können Sie immer noch zum Nordpol gehen, wo Sie die Schnee-Eule finden, die schlimmste der ganzen Familie. Eulen[8] lehren uns, dass wir unsere Hände nicht in hohle Bäume stecken sollen.

4 Es gibt wohl nichts Nervtötenderes auf der Welt, es sei denn manche Teile von *Tristan und Isolde.*
5 Als Haustier ist die Schreieule sehr amüsant. Der Vogel stürzt sich auf alle Besucher und schlägt ihnen die Fänge ins Haupthaar. Oft genug brechen sie sich die Beine bei ihrer heillosen Flucht und geben dem Besitzer der Eule Anlass zu lautem Lachen. Nach einer Massenversammlung von Nachbarn verschwindet so ein Tier dann oft genauso schnell, wie es gekommen ist. Und der Besitzer auch.
6 So wie sich die Eulen dort aufführen, kann man heute kaum noch jemand mit in die Scheune nehmen.
7 Plinius berichtet, dass während der Regierungszeit von Palepius und Padanius eine gehörnte Eule ins Kapitol eingedrungen sei, was im März des Jahres zu einer großen Säuberung in Rom führte. Danach sei alles wieder in Ordnung gewesen.
8 Die Eulenweibchen sind so schrecklich, dass sie ein ganzes Buch für sich allein beanspruchen könnten. Eulenhaftigkeit ist der weiblichen Natur so fremd, dass es äußerst abstoßend wirkt, wenn sie bei Frauen auftritt. Bei Männern muss man immer damit rechnen.

DIE UNZERTRENNLICHEN

Die Unzertrennlichen sind eine Gattung von afrikanischen Papageien. Liebesvögel werden sie genannt, weil sie ihrem Partner vollkommen treu sind, wenn sie zu zweit im selben Käfig sitzen. Eng beieinander hocken sie auf der Stange, einerseits um sich zu wärmen,[1] andererseits weil sie nichts Besseres zu tun haben.[2] Wenn

1 Es sind nun mal tropische Vögel, und man kann nicht erwarten, dass sie sich wie arktische Dreizehenspechte verhalten, die immer zwei Stangen brauchen.
2 Natürlich fällt ihnen irgendwann nichts mehr ein; nichts Neues jedenfalls.

jemand in der Nähe ist, zwitschert der männliche Unzertrennliche seiner Partnerin zärtlich ins Ohr, die in gleicher Weise reagiert und manchmal noch ein verstohlenes Küsschen auf den hinteren Kieferfortsatz hinzufügt. Wenn sie sich unbeobachtet fühlen, stoßen sie sich gegenseitig von der Stange, sitzen in gegenüberliegenden Ecken des Käfigs, schneiden schreckliche Fratzen und beschimpfen sich unflätig. Bei Insidern gelten sie als extrem streitsüchtig.[3] In der Pubertät und während des Nestbaus gibt es nur Süßholzraspeln bei ihnen, und das Weibchen glaubt alles. Das Gehirn des männlichen Unzertrennlichen wiegt zwei Milligramm mehr als das seiner Partnerin, aber sie kann viel besser nörgeln. Sie brüten auch in Gefangenschaft, fast ein bisschen zu willig. Eigenartigerweise haben die Unzertrennlichen kein Gabelbein. Beide Geschlechter verbringen viel Zeit mit der Mauser[4] und das Weibchen

3   Ein Korrespondent von Mr. W. T. Greene schreibt über einen seiner Unzertrennlichen: »Man kann sich keinen misslaunigeren kleinen Vielfraß vorstellen als diesen Vogel«. Zu unserer völligen Überraschung meint er das Weibchen: »Sie streitet ständig mit ihrem Gatten, treibt ihn im Käfig herum, zwingt ihn, sie zu füttern, und prügelt ihn, wenn er nicht nahe genug bei ihr auf der Stange sitzt.« Das Postskriptum ist noch erstaunlicher: »Trotz allem scheint er das zu mögen und ist besonders stolz auf sein schönes, allerdings äußerst unliebenswürdiges Weibchen.«
4   Manche Vögel, vor allem die Pieper, die Stelzen und die Pinguine mausern sich mehr, als unbedingt nötig scheint. Es gibt die postnatale,

44

beschwert sich meist, dass es zieht. Beides ist in der Wohnung recht unangenehm. Der Rotachselpapagei aus Namaqualand übertreibt fürchterlich. Wenn einem der beiden Partner etwas zustößt, stirbt der andere augenblicklich an gebrochenem Herzen. Und jetzt sind Sie dran.[5]

die postjuvenile, die pränuptiale, die postnuptiale und die ständige Mauser. Welche die schlimmste ist, ist schwer zu sagen.

5   Weiter über dieses Tier zu reden, hat keinen Zweck. Über die Unzertrennlichen sind ganze Bibliotheken geschrieben worden, und genutzt hat es gar nichts. Es handelt sich um ein schwieriges Thema. Irgendwo scheint da ein Haken zu sein.

DAS HUHN

Hühner sind ein wesentlicher Bestandteil jeder Hühnerfarm, einer Brutstätte für schwere Psychosen.[1] Das Huhn hat keinen Geschäftssinn. Wenn die Eier teuer sind, legt es nur wenig. Zu anderen Zeiten kann man sie kaum stoppen. Hühner gackern eine Menge. Sie sagen: *put-put-put-put-twork*. Wenn sie ihre Illusionen verloren haben, sagen sie nur noch *twork*. Wenn ein Huhn

1 Bei diesem Geschäft sind mit Kosten von $ 5,77 Erlöse von $ 186 293,00 erzielt worden. Dabei wurden $ 0,50 für die Henne, $ 0,27 für die Eier und $ 5,00 für Kokain aufgewendet.

nur noch *twork* sagt,[2] dann sind seine besten Zeiten vorbei. Hühner haben keine Zähne und lassen sich leicht hypnotisieren. Manche Hühner sind attraktiver als andere. Das Plymouth Rock Huhn ist ein gutes All-round-Huhn. Es legt, brütet oder lässt sich kochen und braten, weil ihm sowieso alles egal ist. Aber mit der Zeit verblassen seine Vorzüge. Dann wird es ziemlich hennenhaft. Alte Plymouth Rocks sollten besser gekocht werden. Wenn Sie mal mit Plymouth Rocks zu tun hatten, erscheinen so ziemlich alle anderen Hühner ganz wunderbar. Die Weißen Leghorn Hennen sind absolut großartig,[3] und die Rhode Island Reds sind zur Abwechslung auch mal ganz nett. Die Hühner sind sehr geduldig, es scheint ihnen alles nichts auszumachen. Sie zeigen eine rührende Anhänglichkeit an ihr Heim. Man weiß, dass sie lieber verhungern, als ein Nest voller gläserner Eier oder Türknöpfe zu verlassen. Den ganzen Tag kümmert sich die Henne um ihre Küken, versorgt sie mit Futter und schlechten Ratschlägen und trampelt sie häufig auch platt. Das Lebensziel der Küken besteht

---

2 *Twork* lässt eine praktisch unbegrenzte Anzahl von Betonungen und Bedeutungen zu. Es erfasst eigentlich alles, was man so sagen kann.
3 Die Weiße Leghorn Henne stammt von italienischen Hühnern ab [Leghorn=Livorno], ist aber eine Amerikanerin und brütet nicht gern. Sie ist eine schlechte Mutter, aber so hübsch, dass einem das ganz egal ist. Brüten ist ja nicht alles im Leben.

47

darin, ins Gebüsch zu rennen, sich zu verirren und ins Wasser zu fallen. Das nennt man Instinkt. Heute werden viele Küken in Brutkästen geboren. Ihre Kindheit verbringen sie in Versandbehältern.[4]

4 Die Folgen für ihre Weltanschauung kann man sich vorstellen. Küken aus dem Brutkasten schnappen gierig nach roten Kammgarnwürmern, die Biologieprofessoren an sie verfüttern. Das sagt wohl einiges über alle Beteiligten.

DER HAHN

Der Hahn ist ziemlich eingebildet, und das wären Sie sicher auch. Für die Jugend ist er ein schlechtes Vorbild, denn er ist laut, unverschämt, rebellisch und ein großer Freund von Frühlingszwiebeln. Er ist der Vogel des Tagesanbruchs genannt worden, weil er einem das Aufstehen mit seinem schrecklichen Krähen verdirbt. Im Alten Testament wird er nicht erwähnt. Das Schmettern seiner Fanfare ist eine der Einrichtungen der Natur, um Nervenzusammenbrüche herbeizuführen. Der Hahn wacht auf und kräht um 2 Uhr morgens, ein Laster, das man wahlweise den Besonderheiten seines Kehlkopfdeckels, der Ursünde und schierer Gemeinheit zuschreiben kann. Möglicherweise ist das Krähen des wildlebenden Bankivahahns (und Stammvaters aller Haushühner) dafür verantwortlich, dass sich so viele Inder nach dem Nirwana sehnen oder die Witwenverbrennung befürworten. Es gibt auch Menschen, die das Krähen mögen. Der Hahn hat Kehllappen, Nackenfedern und einen Kamm.[1] Sein Gehirn nimmt einen

---

1 Aristoteles wunderte sich über die Zusammensetzung des Hahnenkamms. Er bestünde »nicht wirklich aus Fleisch«, sagte er, aber es sei auch nicht leicht zu erklären, woraus er sonst bestünde. Aber Aristoteles wusste auch nicht, was Zellophan ist.

49

Hohlraum im Bereich des Vorderkopfs ein. Als Ehemann und Vater ist der Haushahn so mittel. Zur Verteidigung seiner Liebsten geht er ohne Zögern auf ausgewachsene Grashüpfer, Spinnen und Fliegen los. Außerdem lässt er die Sonne aufgehen. Eine ideale Henne hat der Hahn nicht. Wenn seine Frau Enten ausbrütet, wird er eifersüchtig. Er zieht offenbar voreilige Schlüsse. Richtig bösartig ist er nicht.[2] Er ist einfach so. Dass alle Hähne gleich wären, stimmt nicht. Die Dorking Hähne sind schöne alte Vögel, aber sie haben extra Zehen und sind ziemlich unglücklich. Die Buff Orpingtons (aus der Familie der Lincolnshire Orpingtons)[3] sind etwas prätentiös. Sie wollen sich nur von Angehörigen des Königshauses verspeisen lassen. Der Brahmahahn ist hübsch, leidet aber unter stark befiederten Läufen. Über Bantamhähne braucht man wohl nicht zu reden.[4]

2 Ein Hahn, der 1474 in Basel ein Ei gelegt hatte, wurde wegen Zauberei angeklagt, verurteilt und öffentlich verbrannt. Geschah ihm recht. Derlei Dinge sind nicht akzeptabel.
3 Reginald Buff Orpington gelang es tatsächlich, im Jubiläumsjahr im Königshaus verspeist zu werden. Trotz ihrer Attitüden sind die Buff Orpingtons aber nichts anderes als eine örtliche Kreuzung aus Cochin und Dorking Hühnern. Mit den Schwarzen Orpingtons, die von den Langschans abstammen, haben sie nichts zu tun.
4 Kapaune krähen nicht. Warum sollten sie auch?

DER KANARIENVOGEL

Der Kanarienvogel schenkt vielen Menschen Freude, die sonst wenig hätten. Sein Gesang hat zu vielen Gedichten, zu Heldentaten und Mordlust geführt.[1] Bei den Mücken stechen nur die Weibchen, aber bei den Kanarienvögeln singen die Männchen.[2] Kanarienvögel kriegen den Pips, Asthma, Aphthen und Entzündungen der Syrinx. Sie müssen mit Borax, Glyzerin, Terpentin, Alaun, Bitterholzinfusionen, Lobelienlösung, Meerzwiebelsalbe und einer Paste behandelt werden, die zu gleichen Teilen aus hartgekochten Eiern, Kräckern und Zyankali besteht. Kanarienvögel werden eingesetzt, um tödliche Gase in Bergwerken zu erkennen, allerdings gibt es nicht genug Bergwerke. Andere Probleme mit Kanarienvögeln können mithilfe eines geschulten Tierpräparators gelöst werden. Kanarienvögel sind außerordentlich fruchtbar.[3] Ein Paar könnte in

1 Die Anfälligkeit mancher Kanarienbesitzer und ihrer Nachbarn für eigenartige Geisteszustände braucht man nicht allzu ernst zu nehmen. Wie schon irgendein Philosoph sagte: Wovon man verrückt wird, ist eigentlich ganz egal.
2 Ein erprobter Zyniker soll gesagt haben: »Je mehr ich von Kanarienvögeln höre, desto mehr mag ich Katzen.« Und als seine Frau partout einen Kanarienvogel haben wollte, hat er ihr ein Weibchen gekauft.
3 In meinem *Bird Fancier's Companion* finde ich unter dem Stichwort »Zucht« den Hinweis: »Das ist ein ebenso wichtiges wie amüsantes

51

einigen Jahren bis zu 25 000 000 000 Nachkommen haben, aber es scheint nie so weit zu kommen. Dunkelbraune Männchen paaren sich mit leicht grünen Weibchen. Hellgelbe Weibchen paaren sich mit Zeisigen, Buchfinken und Dompfaffen jeglicher Farbe. Die Nachkommen werden Hybride genannt.[4] Wenn Sie einen Kanari haben, sind Sie selber schuld, oder?[5]

Thema.« Nun kann ich mir zwar vorstellen, dass die Zucht von Kanarienvögeln wichtig sein kann, aber wieso amüsant? Ich glaube, die Menschheit wird sich nie darüber verständigen können, was lustig ist und was nicht.

4 Nach Jahren geduldiger Arbeit ist es den Direktoren der Kanarienschulen gelungen, verschiedene Sorten zu züchten, die vollkommen anders als Kanarienvögel aussehen. Diese Vögel betrachten den normalen Harzer Roller als »unberührbar« und gesellschaftlich nicht vorhanden. Wenn sie nicht gerade mit Kaninchen beschäftigt sind, leisten die Belgier einen großen Teil dieser Arbeit.

5 Die Kanarienvögel wurden im 16. Jahrhundert in Europa verbreitet. Dabei spielte ein spanisches Schiff, das vor der Küste von Italien auf Grund lief, eine große Rolle. Danach gab es kein Halten mehr für die kleinen Sänger. Sie nahmen die gesamte zivilisierte Welt in Besitz. Man spricht von einer der größten Tragödien der Seefahrt. Im Jahr 1871 wurden nicht weniger als 60 000 Kanarienvögel in die Vereinigten Staaten gebracht. 59 000 davon hießen Dick.

52

VÖGEL, OHNE DIE ICH GUT AUSKOMMEN KÖNNTE

DER FLIEGENSCHNÄPPER

Der Fliegenschnäpper oder Pewee ist berühmt dafür, dass er Fliegen fängt und den ganzen Tag *piewie, piewie* macht. Sein melancholischer Ruf wird von Leuten geschätzt, die so etwas mögen.[1] Andere finden es sehr

1 Henry D. Thoreau hörte am 22. Mai 1854 einen Fliegenschnäpper singen und am nächsten Tag, dem 23. Mai 1854, wieder. Am 27. Juni 1858 fand er zwei Nester, die er am 13. August desselben Jahres mit nach Hause nahm. Am 1. April 1853 sah er ein paar Enten, und am 4. Dezember 1856 fing seine Katze eine Maus.

55

deprimierend. Der Fliegenschnäpper ist leicht zu iden-
tifizieren: Wenn es nicht irgendwas anderes ist, dann ist
es ein Fliegenschnäpper. Die Geschlechter sind größ-
tenteils gleich. Der Fliegenschnäpper ist ein glücklicher
Vogel, denn alles, was er zu seinem Glück braucht, ist
ein frisches Insekt.[2] Im Übrigen hält er sich für Napo-
leon. Er ist inkompetent, belanglos und unbedeutend.[3]
Die Phoebe baut ihr Nest aus frischem Moos, damit
man es auf einer rotgestrichenen Veranda nicht sieht.
Sie ist sehr freundlich und mit Ungeziefer bedeckt.[4] Sie
wackelt mit dem Hintern und schreit ständig *fi-bie,
fi-bie,* daher der Name. Die etwas größeren Fliegenschnäpper[5] sind übellaunige und unangenehme Vögel.

2 Was der Fliegenschnäpper auf diese Weise erreicht, ist vielleicht
kein Glück im reinsten Sinne, aber ihm ist das egal.
3 Ausnahmsweise sind wir mit Burroughs ganz einer Meinung, der
Fliegenschnäpper nicht ausstehen konnte. Er war der Ansicht, kein Vogel
sei »weniger geeignet, angenehme Empfindungen beim Betrachter aus-
zulösen oder Gegenstand menschlicher Zuneigung zu werden«. Im spä-
teren Leben hat er sich mit dem Fliegenschnäpper ausgesöhnt.
4 Es ist ein Riesenspaß, wenn man dabei zusieht, wie ein großer, star-
ker Vogelfreund in panischer Flucht vor einem Schwarm kleiner Phoe-
bes davonrennt, nachdem er von dem Ungeziefer erfahren hat, das sie
beherbergen. Eine Phoebe verlassen zu wollen, die einen einmal adoptiert hat, ist vollkommen zwecklos. Man kann nur einen Vorrat an Insek-
tiziden anlegen und sein Leben zu genießen versuchen.
5 Man hat immer wieder mal darüber geredet, ob man das Talent dieser Vögel irgendwie nutzbringend anwenden kann, indem man sie z. B.
Stubenfliegen fangen lässt, aber dabei ist nichts herausgekommen. Sie

Sie haben Stoppeln am Schnabel, und ihre Jungen sind gefleckt. Während der Balz stoßen sie dauernd leise Schreie aus. Das wird von der Liebe verursacht. Der Gartentyrann oder Zwergfliegenschnäpper lebt von Mücken und Schnaken. Er ruft den ganzen Tag *tschebeck tschebeck* oder *turaluraluu*. Er ist sehr unmoralisch, aber das macht nichts, denn der ganze Vogel ist bloß elf Zentimeter lang.

vertilgen nach wie vor Millionen kleine Mistviecher, wo es niemandem nutzt. Und der Ärger mit den Stubenfliegen geht weiter. Aber das ist ja bei allen echten Problemen so.

DIE GEMEINEN BABBLER

Der Gemeine Babbler und seine Verwandten finden sich in Afghanistan und Belutschistan, obwohl die Bewohner beider Länder das leugnen. Manchmal gelingt es den Afghanen, die Zuständigkeit für diesen Vogel den Indern anzuhängen, mal ist es umgedreht. Die Gewöhnlichen Babbler hüpfen in Scharen unter den wilden Kapernbüschen herum, drehen welke Blätter um und machen schmutzige Bemerkungen. Die Fachleute streiten noch darüber, was der Gewöhnliche Babbler der Welt im Einzelnen mitzuteilen versucht. Für den Laien klingt es wie *blatt-blatt, klack-klack, gabble-gabble-gabble* oder *babbel-babbel-babbel*[1] und bedeutet wahrscheinlich, dass der Gelbschnabeldrossling aus Indien, Burma und Siam auch nicht besser ist, obwohl er einen rotbraunen Rücken, orangefarbene Augenbrauen und einen gelblichen Bauch hat.[2] Babbler bleiben gern vor Autos sitzen, um zu babbeln und zu

---

1 Eine Kombination all dieser Töne, die man noch durch *klank-klank* und *whie-ie-ie* ergänzen kann, vermittelt Ihnen einen groben Eindruck von den Zuständen im Nahen Osten.
2 Die Deckfedern des Gemeinen Babblers sind rötlich-braun, das Kinn ist rötlich-weiß und die darunterliegenden Federn sind einfach rötlich. De facto ist der Gemeine Babbler einer unserer rötlichsten Vögel. Rötliche Vögel mögen die rotbraunen und bleifarbenen Vögel nicht.

58

drosseln, aber irgendetwas scheint sie zu beschützen. Es gibt auch männliche Babbler. Beide Geschlechter sind ziemlich unsauber. Aussterben werden die Gemeinen Babbler[3] nie, denn sie paaren sich im März, April, Mai, Juni, Juli, August, September, Oktober, November, Dezember, Januar und Februar. Und wenn man so eine Reise nach Afghanistan oder Belutschistan hinter sich hat, ist es eine Wohltat, wenn man zum Gelbbrustwaldsänger, dem langatmigen Weidenlaubsänger, dem Schreikranich, der andauernden Grasmücke, der Schreieule und dem Aspirin zurückkehren kann.

3 Der weißköpfige Babbler ist für jeden ein vertrauter Anblick, der schon mal in Ceylon war, und wer war das nicht? Oder sollte ich fragen, wer schon mal da war? Die Streifenbrusttimale aus Cochin-China ist wieder was anderes.

59

DER KLEIBER

Der Kleiber kann nicht singen. Er versucht's gar nicht erst. Zusammen mit dem Storch, dem Zedernseidenschwanz, dem Schlangenhalsvogel und einem Rotkehlchen, das ich gestern getroffen habe, gehört er auf die Ehrentafel der nichtsingenden Vögel. Er sagt nur *jänk-jänk, neiya-neiya, cmfwpp-cmfwpp,* und dabei belässt er es.[1] Der Kleiber wird oft mit dem Philadelphia-Vireo verwechselt, weil manche Leute auch in Bestform nicht besonders helle sind.[2] Manche Leute nennen den Kleiber »Kopfübervogel«, weil er kopfüber an Baumstämmen herunterläuft.[3] Wie er wieder zurückkommt, ist eine andere Geschichte. Ein Kreuzworträtsel findet

---

1 Eine führende Kapazität behauptet: »Der Ruf des Kleibers ist ein Falsett. Man ahmt ihn am besten nach, wenn man seine Nase zukneift und den Ton unter Hochdruck staccato hervorstößt.« Wenn meine Leserinnen und Leser mir einen echten Gefallen tun wollen, werden sie dies allerdings unterlassen.

2 Farbenblindheit ist ein erhebliches Problem in diesem Zusammenhang. Wer unter Achromatopsie leidet, kann den rotbrüstigen Kleiber nicht vom Indigofink, Gelbfuß-Sturmtaucher oder Smaragdspint, vom kaffee-bäuchigen Höschenkolibri aus Bogotá, dem Purpurnektarvogel aus Patagonien oder dem blaubärtigen Bülbül der Himalajaregion unterscheiden. Wie Sie sehen, haben die Wissenschaftler die Geheimnisse der Vögel gut im Griff.

3 Der Kleiber bevorzugt diese Form der Fortbewegung. Schwindlig wird ihm dabei anscheinend nicht. Vielleicht wird ihnen schwindlig, und sie wissen es nicht. Vielleicht wird ihnen schwindlig, und sie wissen

man selten im Nest eines Kleibers. Dafür knackt er Nüsse, die er in die Risse der Baumstämme steckt. Kleiber sind gute Kumpel von Meisen, Dunenspechten und Baumläufern. Sie mögen Sonnenblumenkerne in Rindertalg und Zucker. Das Problem der Gastfreundschaft haben die Kleiber gelöst. Sie verkleben den Eingang zu ihrer Nisthöhle mit Pech, und dann mag keiner mehr reinkommen. Der amerikanische Name *Nuthatch* soll aus den Wörter *nut* und *hatch* bestehen. Die Kleiber bebrüten natürlich gar keine Nüsse, aber was wohl dabei herauskommen würde, wenn sie es doch täten?

nicht, warum. Vielleicht wird ihnen auch schwindlig, und es gefällt ihnen. Wie es überhaupt dazu kam, dass sie kopfüber herumturnten, muss uns nicht kümmern. Es ist schließlich nicht unsere Schuld.

DER EISTAUCHER

Der »Loon« oder Eistaucher springt in dunklen Nächten aus der Brandung, ruiniert uns den Sommer mit seinem irren Lachen und taucht dann wieder ab, um auf das nächste Opfer zu warten. Und bei alledem wundert er sich, dass die Leute auf ihn schießen. Seine Äußerungen bestehen aus *Wahuu-huu-huu, Oh-ha-ha-ha-ha* und *Haw! Haw! Haw! Haw!* Er könnte ohne seinen Sinn für Humor wohl nicht leben, wir vielleicht schon.[1] Der Ruf des Tauchers soll entweder Regen oder eine lange Dürre voraussagen.[2] Eistaucher heiraten auf Gedeih und Verderb, vor allem Letzteres. Sie haben rote Augen und können die Luft acht Minuten lang anhalten. Der männliche Taucher liebt amouröse Abenteuer im Wasser und stößt dabei häufig auf begeisterte Reaktionen. An Land sind sie nahezu hilflos, und vom Wasser können sie nur dann aufsteigen, wenn sie gegen den Wind starten. Wenn Flaute herrscht, schlafen sie ein

---

1 Der Seetaucher ist nicht mit dem australischen Rieseneisvogel oder dem Lachenden Hans verwandt. Mutter Natur scheint bloß denselben Fehler bei zwei verschiedenen Vögeln gemacht zu haben.
2 Manche Leute halten das für einen Balzruf, aber ich habe nie gesehen, dass ein Seetaucher in dieser Weise davon profitiert hätte. Es scheint überall immer nur einen Taucher zu geben – was einen solchen Schrei nach Liebe natürlich erklärt.

und dümpeln herum, bis sie irgendwo anstoßen. Das finden sie komisch. Eistaucher ähneln großen Zwergtauchern, benehmen sich aber nicht so.[3] Die Vögel sind leicht zu unterscheiden, weil der Seetaucher einen flachen Mittelfuß hat, während der Zwergtaucher ein Y-förmiges Gabelbein und einen häutigen großen Zeh hat. Die hintere Zehe des Kleinen Zwergtauchers oder Tauchentchens ist gebogen. Alle Tauchvögel sind ein bisschen verrückt. Die einzige Hoffnung liegt wohl in der Eugenik, denn wenn man einen Eistaucher zu einem netten Vogel erziehen wollte, müsste man *ab ovo* beginnen, und ein Eistaucher-Ei sollte es besser nicht sein. Allerdings sind die verrückten Eistaucher insofern nützlich, als sie dafür sorgen, dass die Leute im Norden bei Nacht zu Hause bleiben.

3 Manche englischen Ornithologen scheinen zu glauben, der Seetaucher sei identisch mit dem Haubentaucher *(Podiceps cristatus)*. Das ist er durchaus nicht. Der verrückte »Loon« ist der Eistaucher *(Gavia immer)*, der Gemeine Taucher oder »Dippy the Loon«, aber dass die Vogelkundler bei so einem Vogel verrückt werden, ist wohl verständlich.

DIE WASSERAMSEL

Die Wasseramsel war eigentlich fürs trockene Land konstruiert, wollte aber unbedingt ein Wasservogel sein, und das ist sie jetzt auch. Hurra für die Wasseramsel! Sie hat nicht mal Schwimmhäute zwischen den Zehen,[1] stürzt sich aber unverdrossen in reißende Gebirgsflüsse[2] und läuft auf dem Grund herum,[3] um

1 Wie die meisten Leser wissen dürften, braucht man keine Schwimmhäute, um schwimmen zu können. Manche Schwimmer haben allerdings Ansätze von Schwimmhäuten zwischen den Zehen.
2 Die Weibchen waten ins Wasser, bis es ihnen über den Kopf geht, und marschieren dann immer weiter. Wenn sie erst mal richtig eingetaucht sind, haben sie gar keine Lust mehr zum Auftauchen.
3 Manche Beobachter sagen, dass der Vogel taumle und stolpere, an-

64

Wasserflöhe zu fressen und Fischeier.[4] Sie hat große Mühe, unter Wasser zu bleiben, denn sie ist federleicht und der Auftrieb drückt sie hoch wie einen Korken. Wasseramseln nisten hinter Wasserfällen, und die Nestlinge haben keine Ahnung, was sie den ganzen Tag machen sollen. Die Wasseramseln gelten als die moralischsten[5] aller Vögel. Sie sind streng monogam, und manche sind nicht einmal das.[6] Im März und April verfolgen sich die Wasseramseln bachauf, bachab und machen *bsiet-bsiet*. Die rotkehlige Wasseramsel ist bekannt als *Cinclus schulzii*. Die irische Wasseramsel *(Cinclus hibernicus)* migriert nach New York. Die Haa-

dere sagen, nichts davon treffe zu. Wenn ein Vogelfreund sagt, die Wasseramsel läuft unter Wasser, kann das allerdings auch bedeuten, dass er lediglich gesehen hat, wie eine Wasseramsel (oder ein anderer Vogel) auf einem Stein in der Nähe eines Gewässers gesessen hat.
4 Es wird bestritten, dass die Wasseramsel Forellen- oder andere Fisch-Eier frisst. Nach meinen Erfahrungen ist es sinnlos, solche Anschuldigungen zu bestreiten. Es empfiehlt sich vielmehr, auf mildernde Umstände für das beschuldigte Tier zu plädieren – oder auch nicht. Je nachdem.
5 Als Beweis haben die Ornithologen darauf hingewiesen, dass die Wasseramsel auch nach den Flitterwochen singt, was darauf hindeutet, dass ihr auch andere Dinge als Sex wichtig sind. In Wirklichkeit kann das aber auch bedeuten, dass die Wasseramseln sehr leichtsinnig, zynisch oder sogar unmoralisch sind – unter Wasser.
6 Eine mir bekannte Wasseramsel schien sich überhaupt nicht für Sex zu interessieren, nur für Krebstierchen und die Botanik. Später stellte sich heraus, dass sie schon sehr alt und krank war. Sie hatte alle Hände voll zu tun, um zu fliegen.

rigen Ainu in Nordjapan glauben, dass man alle seine Widersacher in Grund und Boden diskutieren kann, wenn man das Herz einer Wasseramsel verzehrt hat.[7] Das klappt aber nicht, denn manche Leute lassen sich einfach nicht überzeugen, ganz egal was man isst.

7 Vgl. den Analogiezauber bei den Bahima aus Uganda, den Bukua aus Neuguinea, den Wotjobaluks aus Südost-Australien und die Faschingsbräuche in Estland.

DER FLAMINGO

Flamingos leben in abgelegenen, schwer erreichbaren Gegenden, wo wir sie nicht sehen müssen. Sie haben Hälse wie Giraffen, Beine wie ein Schwede[1] und schreien wie Gänse[2]. Beim Fliegen strecken sie sich um die Wette. Ihre Farbe ist rosa bis rötlich. Flamingos sind außerordentlich scheu, aber nicht untereinander. Sie haben bewegliche Kiefer und Lamellen an den Schnabelrändern und leben alle zusammen in flachen Lagunen und Seen. Sie stellen Wachen auf, damit wir nicht sehen, was sie tun. Der chilenische Flamingo hat keinen großen Zeh, aber sein Tarsus ist zwölfeinhalb Zoll lang.[3] Junge Flamingos haben regelmäßige Züge, aber mit der Zeit werden sie immer merkwürdiger. Die hungernden Einwohner der Bahamas töten und essen die

---

1 Manche Leute sagen, das sei eine Akromegalie, die von einem Überschuss von Tethelin aus der Hypophyse ausgelöst wird, die durch das Infundibulum mit dem Gehirn verbunden ist. Aber wahrscheinlich liegt es einfach in der Familie.

2 Die alten Perser nannten sie die Rote Gans, was ziemlich zutreffend ist. Die Perser sind erstaunlich vernünftig. Die lassen sich von einem hochtrabenden Namen für eine Gans überhaupt nicht beeindrucken.

3 Weitere anatomische Einzelheiten zähle ich nicht auf. Ich schreibe ja kein Buch für Leute, die in Gefahr sind, einen Flamingo mit irgendeinem anderen Tier zu verwechseln. Solchen Leuten würden noch so viele Einzelheiten nicht helfen.

Flamingos, obwohl das Gesetz es verbietet. Man muss die Leute dahingehend erziehen, dass es ihnen gefällt, wenn sie verhungern. Kaiser Elagabal ließ fünfzehnhundert Flamingozungen zu einer einzigen Mahlzeit verarbeiten. Es heißt, Fisch sei gut fürs Gehirn.[4] Flamingos lassen sich trainieren, aber wenn man Jahre damit zugebracht hat, hat man trotzdem bloß einen trainierten Flamingo.[5]

4 Er hat auch die Gehirne von Flamingos, Straußen, Papageien, Fasanen und Drosseln gegessen, aber es kam nichts dabei heraus. Vielleicht ist dies ein Hinweis auf den Ursprung des Begriffs »Spatzenhirn«.
5 Flamingos leben jahrelang in Gefangenschaft, aber es gibt Mittel und Wege, das zu verhindern.

ABSCHIED VON DEN VÖGELN

DER PAPAGEI

Der Papagei weiß nicht, wovon er redet, nur wir. Aber genau wie andere Leute sagt er manchmal Dinge, die passen. Seine Sprache ist sehr bereichernd, wenn man Portugiesisch versteht. Die Bereitschaft der Papageien zu sprechen steht im umgekehrten Verhältnis zur Quadratzahl der grauen Zellen in ihrem Gehirn. Zumindest wäre es so, wenn sie welche hätten.[1] Der Papagei heiratet auf Lebenszeit. Besonders leidenschaftlich ist er nicht. Die Mundwerkzeuge sind gestutzt. In den alten Zeiten der Segelschiffe wurden Papageien als Verlobungsringe benutzt. Während eines Landaufenthalts von einer Woche konnte ein Matrose allein in New Bedford bis zu neunundvierzig Papageien auf diese Weise zum Einsatz bringen. Das nannte man die gute alte Zeit. Die Klugheit der Papageien ist wohlbekannt. Man kann ihnen beibringen, einen Stierkampf nachzuahmen, das Tintenfass umzukippen, im Dessert herumzutrampeln, Porzellanvasen zu zerschmettern, wie eine Hyäne zu lachen und ein- und dasselbe Wort stundenlang zu wiederholen. Sehr geschätzt werden sie auch wegen ihrer Neigung, aus dem menschlichen Gesicht

1 Aristoteles kam zu der Ansicht, dass Papageien mehr reden, wenn sie betrunken sind.

71

große Brocken herauszureißen. Zur Verbesserung ihrer Qualitäten wird empfohlen, die Furcula mit einem Vorschlaghammer zu bearbeiten. Die Zeitrechnung der Papageien beruht auf Nüssen, eine Walnuss entspricht ungefähr anderthalb Stunden. Auch Papayas, Weißdornbeeren, Pfirsichkerne, Paprika und die Beine von Hepplewhite-Sesseln[2] mögen sie gern. Papageien leben zweihundert Jahre und gehören deshalb zu den häufigsten Erbstücken. Leute, die mehrere Papageien geerbt haben, erkennt man schon von Weitem.[3]

2 Die geschwungenen Linien der Hepplewhite- und Chippendale-Sessel scheinen Papageien mehr anzuziehen als die strengeren Linien der Sheraton-Möbel. Noch glücklicher sind Papageien allerdings mit den besonders essbaren Regency- und Louis XV-Sesseln.

3 Ein Papagei, der Dennis O'Kelly gehörte (häufig auch Colonel oder Count O'Kelly genannt), konnte den 104. Psalm, »The Banks of the Dee« und »God Save the King« weitaus besser singen als Count O'Kelly selbst. Count O'Kelly starb 1787, der Papagei überlebte ihn und starb erst 1802.

DER PINGUIN

Der Pinguin ist würdevoll. Und nach allem, was wir wissen, könnte er dafür auch seine Gründe haben. Einen Pinguin dabei erwischen zu wollen, dass er die Contenance verliert, kann Jahre dauern und wäre der Mühe auch gar nicht wert. Beim Stehen lässt der Pinguin sein gesamtes Gewicht auf dem Metatarsus ruhen, was zu Kopflastigkeit und Schwindelgefühlen führt. Er fliegt im Wasser und bellt. Pinguine sind sehr fleißig. Sie tragen Stöcke und Grasbüschel über große Entfernungen und schmeißen sie dann ins Wasser. Die Männchen stehlen ihren Artgenossen Steine und bringen sie den Weibchen, Antarktisforschern und anderen inter-

73

essanten Personen. Der durchschnittliche Pinguin hat den Verstand eines achtjährigen Kindes, schafft es aber regelmäßig, in den Sonntagszeitungen abgebildet zu werden. Die Elternliebe erreicht bei den Pinguinen ein erstaunliches Ausmaß. Männliche und weibliche Pinguine prügeln sich geradezu um das Privileg, die Eier auszubrüten und die Nestlinge zu versorgen. Sie lieben ihre Nachkommen so sehr, dass viele junge Pinguine sich nachts davonschleichen und in Gletscherspalten fallen.[1] Dann fängt alles wieder von vorn an. Männliche Pinguine gehen bis ins hohe Alter fremd, ein Phänomen, das oft der Seeluft zugeschrieben wird. Pinguine sind äußerst wohlmeinende Vögel, die allerdings wenig Ahnung haben, was vorgeht. Nur Experten können einen lebendigen Pinguin von einem ausgestopften unterscheiden. Es wird für wahrscheinlich gehalten, dass die meisten Pinguine ausgestopft sind. Manche Leute sterben fast vor Lachen, wenn sie Pinguine sehen.

1 Für diese kurze Beschreibung der Elternliebe bei Pinguinen und andere Informationen, die zu zahlreich sind, um an dieser Stelle aufgezählt zu werden, bin ich Isabel Paterson zu Dank verpflichtet, deren Ansichten über die Antarktis stets vernünftig und unweigerlich brillant sind. (Aber welche ihrer Ansichten über andere Erdteile könnte man nicht so beschreiben?) Mrs. Paterson teilt keineswegs alle Ansichten des Verfassers über das Vogelleben. Erst vor Kurzem hat sie mir mitgeteilt, sie verstünde zwar, was ich meine, und hätte das größte Mitgefühl, sie könne aber auch den Standpunkt der Vögel verstehen.

74

DER SPECHT

Der Specht hat überlebt, weil er versteifte Schwanzwirbel, eine lange, bewegliche Zunge und im Genick eine Sprungfeder hat. Wenn er die nicht hätte, könnten wir vielleicht endlich schlafen. Mit seinem keilförmigen Schnabel hämmert er die Insekten aus der Rinde der Bäume, aus Stahlträgern und Blechdächern.[1] Auf diese Weise schützt er unsere Bäume, auch wenn er sie dabei umbringen muss. Der Specht steckt Eicheln in die Stämme der Bäume, die er dann prompt vergisst, aber der größte Teil des Gehämmers entspringt der Liebe.[2] Aus demselben Grund machen Spechte noch *tschink-tschink, prick-prick, ker-ruck* und *prrp-prrp*. Der transkaspische, schuppen-bäckige Bleispecht macht *tjupk-tjupk-tjupk*. So ist die Liebe in Transkaspien nun mal. Das häusliche Leben der Spechte ist ideal. Das Männ-

1 In gewisser Weise ist es natürlich schrecklich, dass Insekten und ihre Larven nicht mal unter der Baumrinde sicher sind. Andererseits hat Mutter Natur den Specht nun mal so ausgerüstet, dass er da reinkommt und sich die Insekten schnappen kann. Und die Insekten hat sie so gemacht, dass sie da drin sind und gefressen werden.
2 In einer neueren Ausgabe von Nature (Mai 1880) stellt der Duke of Argyll fest, dass das Hämmern des Kleinspechts an die Stelle des Gesangs im Frühling tritt. Er vermutet, dass es sich um ein Liebeslied für die Kleinspechtfrau handelt, die zu Hause auf den Eiern sitzt. Das wollen wir hoffen.

chen flattert in der Luft herum und gibt zufriedene Laute von sich, während das Weibchen ein Nest in die Bäume hämmert. Der Rotkopfspecht schlägt seine Frau.[3] Der Dunenspecht ist richtig nett. Er hängt an Futternäpfen und Meisenringen herum. Außerdem wiehert er. Spechte leben siebzig Jahre. Wenn Sie sehr jung sind, haben Sie also durchaus eine Chance, ihn zu überleben.[4]

3 Es hat erhebliche Diskussionen darüber gegeben, dass einige der europäischen Spechte von Osten nach Westen wandern, statt von Norden nach Süden, wie andere Vögel. Aber das ist kein Grund zur Beunruhigung. In Europa ist das ganz üblich. Der europäische Kuckuck ist schon seit Jahrhunderten zwischen Ost und West hin- und hergewandert.
4 Die Ureinwohner der Hudson Bay nennen den Goldspecht Outhee-quan-nor-ow. Warum sie das tun, wissen sie selbst am besten.

DER REGENPFEIFER

Regenpfeifer haben überhaupt keinen Verstand. Sie wissen auf ganz unbestimmte Weise, dass 1492 irgendetwas passiert ist – so wie *jedes* Jahr was passiert. Aber die Details sind völlig verschwommen. Der Regenpfeifer ist viel zu vertrauensselig und lässt sich von allen möglichen Leuten fangen. Er geht direkt auf sie zu, weil er denkt, sie wollten ihn zu einem Ausflug in die Bok Tower Gardens in Florida mitnehmen. Infolgedessen wird der Regenpfeifer bald aussterben, und außer den Mitgliedern der »Rettet den Regenpfeifer«-Bewegung wird sich niemand darüber aufregen.[1] Regenpfeifer schlucken Kies. Sie haben durchlässige Nasenlöcher, und irgendwas stimmt nicht mit ihrer Zirbeldrüse. Der Regenpfeifer winkt mit Flügeln und Beinen, aber niemand weiß, was die Signale bedeuten sollen. Sie führen auf jeden Fall in die Irre.[2] Regenpfeifer bewohnen die

---

1 Der geneigte Leser erinnert sich vielleicht, was mit der Großtrappe geschehen ist, die im Gegensatz zum Regenpfeifer zu misstrauisch war. Ich glaube, man kann sich darauf einigen, dass die Moral dieser Geschichte recht unbefriedigend ist: Die Vögel können einfach nicht gewinnen.

2 Es wurde früher vermutet, dass er die Bewegungen des Vogelfängers imitiert, aber so schlau ist er nicht. Es ist nicht ganz unwahrscheinlich, dass seine Signale eine sexuelle Bedeutung haben. Vielleicht legt er auch nur einen anderen Gang ein.

Bergregionen von Transsylvanien und Böhmen. Sie überwintern in Ägypten und Palästina. Manchmal brechen sie nach Palästina auf und landen dann in Senegambia, auf den Molukken, in Mosambik oder Feuerland. Der weibliche Regenpfeifer ist größer und stärker als der männliche.[3] Sie übernimmt die Balz und sämtliche nachfolgenden Ereignisse. Das Männchen brütet die Eier aus, erzieht die Nestlinge und erledigt die Hausarbeit.[4] Manchmal stößt er leise Klagelaute aus.[5]

3   Der Regenpfeifer lebt streng monogam. Das muss einfach irgendwas bedeuten.
4   Der Regenpfeifer wiegt nur vier Unzen. Die Wissenschaft hat sich lange gefragt, wie so viel Unvernunft in so einem kleinen Körper Platz finden kann. Es gibt allerdings immer noch den Kleinen Mückenfänger.
5   Weitere törichte Vögel sind der Amerikanische Sandregenpfeifer, die Pfuhlschnepfen, der Karolina-Mooskopf, die Tasmanische Google-Nase, die Narrenhenne und das Franklin-Huhn der Rocky Mountains.

78

DER SPATZ

Für das sehende Auge besteht das Leben vor allem aus Spatzen. Der gewöhnliche Spatz ist ein ziemlicher Langweiler, und das Problem besteht darin, dass alle Spatzen gewöhnlich sind. Die Spatzen (oder Sperlinge) sind Straßenvögel genannt worden, weil sie auf Telefondrähten sitzen. Das Morgenlied der amerikanischen Singammer sagt uns, dass es Zeit ist, aufzustehen, das Fenster zu schließen und sich wieder ins Bett zu legen. Der englische Spatz vertreibt unsere einheimischen Singvögel. Die Freunde unserer einheimischen Singvögel betrachten ihn als Eindringling. Die Schwirrammer versucht, Insekten im Flug zu fangen, erwischt aber nur selten welche. Sie macht *chippy-chippy-chippy* und heißt deshalb Chipping Sparrow. Die Weißkehlammer zwit-

79

schert *Old Sam Peabody Peabody Peabody*.[1] Andere Spatzen machen bloß *twiet-twiet, tsip-tsip* und *tschie-tschie*. In Ipswich findet man [keine] Ipswich Sparrows. [Die heißen nämlich *Passerculus sandwichensis*, gehören zu den Savannah Sparrows und brüten auf einer kleinen Insel bei Nova Scotia.] Die Fähigkeit, die verschiedenen Arten und Unterarten von Spatzen zu unterscheiden, ist wahrscheinlich erblich.[2] Der Spatz ist total scharf auf Sie-wissen-schon-was. Für das Männchen und in noch höherem Maße für das Weibchen ist die Liebe alles. Für andere Dinge, sofern es sie überhaupt geben sollte, hat der Spatz keinen *Tweet* übrig.[3] Wenn Spatzen sterben, können sie zumindest sagen, dass sie gelebt haben.[4] Mit ihrem Corpus striatum ist

---

1 Andere glauben, dass er *Oh hör mich, Theresa Theresa Theresa* und *klink-klink* sagt. Menschen, die so etwas entscheiden, sind entweder Hellseher oder gelehrte Doktoren. Die Trobriand-Insulaner behandeln die Nahrung der Spatzen mit giftigen Kräutern.

2 Zumindest bei alten Neuengland-Familien ist diese Fähigkeit offenbar erblich. Sie gelten als geniale Spatzenunterscheider.

3 Es kann natürlich sein, dass die Tweets von anderen Vögeln kommen. Der Verfasser dieser Zeilen ist kein Experte für Tweets. Vielleicht verwechselt er den Sperling mit dem *Pipilo chlorurus*.

4 Sicher kommt es da zu Tragödien. Stellen Sie sich vor, Sie wären ein Spatz, der seine heißgeliebte Spätzin abrupt aus den Augen verliert. Dabei sind Sie von Millionen Spatzen umgeben, die alle genauso aussehen wie Ihre Auserwählte! Na ja, man kann sich schon vorstellen, wie so etwas ausgeht. Da braucht man sich keine Sorgen zu machen.

alles in Ordnung. Spatzen schlafen gern alle zusammen in großen Bäumen, weil sie glauben, dass das ihre geistige Entwicklung fördert.

DER KOLIBRI

Der Kolibri flitzt von Blüte zu Blüte wie ein exquisites Juwel und stopft sich den Schlund mit Ameisen, Rüsselkäfern, Fransenflüglern, Spinnen und Blattläusen voll.[1] Lange galt er als Symbol der Unschuld und leuchtendes Vorbild für die amerikanische Jugend. Als dem Komitee der Neunzehn die Aufgabe gestellt wurde, das Privatleben dieses gefiederten Kobolds zu untersuchen, fielen acht seiner Mitglieder sofort in Ohnmacht, während die übrigen elf sich dem Treiben der Vögel rückhaltlos anschlossen.[2] Die Einzelheiten sind nicht jugendfrei und meinen Leserinnen nicht zuzumuten.[3] Kolibris arbeiten am Sonntag. Da tragen sie Pollen von einer Blüte zur anderen und baden. Beide Geschlechter gemeinsam! Sie haben sehr tiefe Carinae, und ihre Gesichter sind ausdruckslos. Die Männchen sind sehr viel bunter als die Weibchen, damit man ihn schießen kann,

1 Die übliche Vorstellung, dass dieses Tier ausschließlich von Nektar lebt, ist ein Irrtum. Aber er kann natürlich kaum vermeiden, dass Nektar an seinen Insekten festklebt. Von wegen Nektar!
2 Über sein Sexualleben weiß man noch längst nicht alles, denn der Kolibri ist schneller als das Auge.
3 Kolibris sind immer viel heißer als wir, denn sie müssen ständig Sauerstoff und Kohlenstoff verbrennen. Das Verhältnis von Katabolismus zu – na, wie auch immer: Ihre Körpertemperatur kann bis zu 45° betragen.

wenn man Federschmuck aus ihm machen will.[4] Kolibris können rückwärts und seitwärts fliegen. Sie sind erbitterte Kämpfer, bringen aber oft nur knapp zwei Gramm auf die Waage.[5] Der Rubinkehlkolibri ist ein richtiger Don Juan. Er stößt ein Hochfrequenzpiepen aus, das *tirili* heißen soll. Der Eremitenkolibri aus Venezuela hat einen gekrümmten Schnabel, einen keilförmigen Schwanz und eine kräftige Unterseite. Die Bienenelfe (Mellisuga helenae) aus Costa Rica ist nur fünf bis sechs Zentimeter lang. Wenn man den Schwanz und den Schnabel abzieht, bleibt praktisch nichts übrig, worüber man schreiben könnte.[6]

4 Bei den Azteken war der Kolibri als Hoitzitziltototl bekannt. Warum auch nicht?
5 Es wurde schon häufig festgestellt, dass die kleineren Kolibris ungefähr dieselbe Größe haben wie eine große Hummel. Eliza Cook (1818–1889) hat diesen Gedanken in der Zeile: »Kolibris sind kaum größer als Hummeln« verewigt. Auch Mrs. Hemans hat ein paar leicht verderbliche Zeilen über den Kolibri hinterlassen.
6 Professor R. S. Lull (1867–1957) erklärt: »Im Verhältnis zum Körpergewicht ist das menschliche Gehirn größer als das jedes anderen Wirbeltiers mit Ausnahme einiger extrem kleiner Tiere wie Kolibris und sehr kleiner Mäuse.« Das kann man so und so verstehen.

WILDE TIERE, DIE ICH KENNE

In letzter Minute habe ich mich entschlossen, meine spannenden Abenteuer mit Grizzlybären im Wilden Westen doch wegzulassen. Sonst würden womöglich zu viel Romantik, Gefühl und vielleicht auch Fantasie in dieses Buch einfließen. Obwohl, da war diese Geschichte in Wyoming –

Nein, es geht einfach nicht. Wen interessiert es schon, dass sie mich Grizzly Will nennen? In der guten alten Zeit – (Notiz für den Drucker: Wenn ich irgendwas über die gute alte Zeit schreibe, streichen Sie's einfach weg. Obwohl es ja echt eine wilde Zeit war, nicht wahr?)

Aber Spaß beiseite, ich möchte mal ein paar Dinge klären. Ich weiß, dass manche Leute sagen, ich hätte nie ein wildes Tier gesehen, ich würde ständig das Schnabeltier mit dem Dreizehenfaultier verwechseln und meine Jagderfahrung würde sich auf das Hantieren mit der Fliegenklatsche beschränken. Das ist einfach nicht wahr. Ich habe schon eine Menge Tiere gesehen.

Nehmen Sie zum Beispiel das Blaue oder Streifen-Gnu. Bin ich nicht eiligst zum Madison Square Garden hinaufgefahren, um es zu studieren, ehe ich auch nur eine Zeile zu Papier gebracht habe? Als Erstes ist es natürlich nicht blau gewesen, aber das hätte ich mir ja denken können. Das wäre ja zu schön gewesen. Außerdem war es kein sehr nettes Gnu. Es hat mich von Anfang an nicht gemocht. So etwas spüre ich – besonders wenn ein Tier aus seinem Käfig auszubrechen versucht, um mich zu ermorden. Ich würde diesem Gnu alles zutrauen.

Große Erkenntnisse habe ich bei diesem schrecklichen Besuch nicht gewonnen, außer der, dass Blaue oder Streifen-Gnus in ihrer Heimat sicher völlig in Ordnung sind, dass es aber ein Fehler ist, sie persönlich kennenlernen zu wollen.

Was Biber angeht, hab ich ein reines Gewissen. Sie können sich gar nicht vorstellen, wie viele Stunden ich an meinem Schreibtisch gesessen und über Biber nachgedacht habe. Sie werden keinen anderen Autor finden, der so hart und so lange darum gekämpft hat, über den Biber zu schreiben, und keine zwei anderen Tiere, um deren Beschreibung so hart und so lange gekämpft worden ist. Diese Erfahrung hat mich schwer mitgenommen. »Du musst denken wie ein Biber« – das war der erste und wichtigste Grundsatz bei diesem Projekt. Ihn zu erfüllen war einfach genug. Die kritische Phase ist die, wenn man sich wieder entbibern will.

Beinahe hätte ich auch einen Biber gesehen. Es war ein grausam heißer Tag, um in den Bronx-Zoo zu gehen. Ich hab den Biberteich besucht und ein paar prachtvolle Bären – bei der Gelegenheit hab ich den Grizzly getroffen. Bloß den Biber hab ich nicht gesehen und auch nur sehr wenige Biberspuren. Wie es scheint, kommen Biber erst nach Einbruch der Dunkelheit aus ihrem Bau, und der Zoo schließt schon um sieben, also jedenfalls an dem Tag, als ich da war. Ob mich die Wärter über Nacht hätten bleiben lassen, damit ich den Biber sehe, weiß ich nicht. Vielleicht hätten sie's ja getan.

Ich kann Ihnen versichern, dass Biber-Biografen kein so fröhlicher, sorgloser Haufen sind, wie manche Leute sich vorstellen. Sie müssen erhebliche Schläge einstecken. Erst vor Kurzem hat ein anonymer Gentleman der Presse mitgeteilt, dass alles, was je über die Biber geschrieben worden ist, ein Haufen Unsinn sei – und zwar deshalb, behauptet er, weil die Autoren nicht hinreichend über das Tier informiert seien.

Ich halte das für sehr fragwürdig. Es mag durchaus wünschenswert sein, dass jeder, der über Biber schreibt, auch mal einen Biber bei der Arbeit gesehen hat. Aber ich bin mir nicht sicher. Die Voraussetzungen ändern sich. Nur wenige von uns haben die Zeit und die Gelegenheit, ein biberverseuchtes Gebiet aufzusuchen und monatelang da herumzustehen, bis vielleicht mal ein Biber geruht, ein Stück Holz anzuknabbern. Ich bin jedenfalls nicht sonderlich scharf drauf. Ich glaube, Biber würden mich sehr deprimieren.

Wenn dieser oben zitierte anonyme Herr das Glück hatte, mal einen Biber zu sehen, soll er dem Leben im Stillen dankbar sein, statt über Menschen, die dieses Privileg nicht hatten, hässliche Dinge zu sagen. Er mag vielleicht viel über Biber wissen, aber er beweist ein geradezu rührendes Unverständnis gegenüber der Literatur. Die klassischen Traditionen sind offenbar völlig an ihm vorbeigegangen. Was glaubt er denn, wie man Tierbücher schreibt? Wer sie schreibt? Und warum?

Ich habe da eine Stelle gefunden, die das sehr deutlich macht. So schrieb ein gewisser Mr. Cumberland über die unschätzbare, wenn auch etwas antiquierte Naturgeschichte von Oliver Goldsmith (1728–1774):

»Die Verzweiflung trieb Goldsmith zu Unternehmungen, die seiner Leistungen und Talente nicht würdig

88

waren. Ich erinnere mich, wie er mir in seinem Quartier im Temple den Anfang seiner *Animated Nature* zeigte; er seufzte dabei, wie wohl jedes Genie seufzt, wenn es, statt seiner Bestimmung zu folgen, von der Not zum Broterwerb gezwungen ist und plötzlich über Vögel, Vieh und Gewürm reden soll, was jeder Jahrmarktschreier genauso gut könnte. Der arme Kerl kann ja ein Maultier kaum von einem Esel und einen Truthahn nicht von einer Gans unterscheiden, wenn er sie nicht auf dem Tisch sieht.«

Aber es gab eine Menge Leute, die unserem Noll[1] das nicht übelnahmen. Sie scharten sich um ihn. Dr. Johnson gab ihm bei einer sehr heftigen Diskussion über die angebliche Sitte des Hundeverzehrs bei den Tahitianern solide und ernste Ratschläge, besonders über die engen Beziehungen zwischen Ursache und Wirkung. Bei einer anderen Gelegenheit brachte der große Panjandrum den geschäftigen Boswell mit der Bemerkung zum Schweigen: »Sir, er besitzt die Fertigkeit, Dinge zu kompilieren und alles, was er sagen will, auf angenehme Weise vorzutragen. Er schreibt jetzt eine Naturgeschichte, und er wird sie so unterhaltsam wie ein orientalisches Märchen machen.«

1 Anm. d. Übers.: Angeblicher Spitzname von Goldsmith, nach einem Spottvers von David Garrick.

Im Nachhinein ist es nicht weiter wichtig, ob Goldsmith das Yak gekannt hat oder nicht. Er hat Dr. Johnson gekannt!

Die Kritiken waren gerecht. Washington Irving – kein bösartiger Rezensent – schrieb über *Animated Nature*: »Obwohl sehr viel von Buffon geborgt wurde und nur wenig auf eigenen Beobachtungen beruhte, obwohl das Buch nicht gerade gründlich war und viele Fehler enthielt, war es doch –«

Können Sie, liebe Mitkritiker, die ganze Wirkung, die pointierte, nachhaltige Schönheit dieses »doch« erfassen? Ich will Sie bei der Beurteilung dieses oder irgendeines anderen Buches durchaus nicht beeinflussen, meine geliebten Leser, aber bitte vergessen Sie nie, dass wir in unserer Sprache dieses wundervolle »und doch« haben.

Leider fehlt mir der Raum zu einer Beschäftigung mit der aristotelischen Tradition, der ich hoffentlich so wenig Gewalt wie möglich angetan habe, obwohl dies an einigen Stellen dringend nötig wäre. Beschränken wir uns auf die Feststellung, dass Aristoteles sich offenbar immer den Idealen Wombat vorgestellt hat. Dieses Tier hat sich unter dem Einfluss verschiedenster, teils realistischer, teils nominalistischer Lehren allmählich zu einem Absolutum entwickelt und wurde infolge jah-

90

relanger Zermürbung schließlich zum *Ding an sich* bzw. zum Breitmaulnashorn.

Ich übergebe meine Betrachtungen also mit allen Mängeln, die ihnen anhaften, der Öffentlichkeit, will den Gutgläubigen aber nichts aufzwingen. Es ist das branchenübliche Geben und Nehmen. Natürlich habe ich genauso einen Horror vor Unwahrheiten wie jeder andere, aber was soll man machen?

Kann ich was dafür, dass mir neulich meine Notizblätter im Sturm weggeweht und hoffnungslos durcheinandergemischt worden sind? Auf manchen Blättern hatte ich sorgfältig aufgeschrieben, was Sie auf keinen Fall glauben dürfen. Andere waren voller exakter Beobachtungen am lebenden Tier. Und woher soll ich jetzt wissen, welche welche waren? Wenn Sie mich in flagranti erwischen, möchte ich darauf hinweisen, dass man Fakten wirklich nicht überschätzen darf. Ich habe immer gesagt, dass jede Form von Statistik vor allem von der Gefühlslage ihres Betrachters abhängt.

Bei manchen Lügen trifft mich allerdings eine gewisse Schuld. Leider war ich oft in Versuchung, die Fakten und Anekdoten, die bei der Betrachtung einer Art übrig blieben, einfach bei der nächsten dazuzufügen. Andererseits arbeite ich sehr konstruktiv. Wenn die Erkenntnisse der Fachleute allzu offensichtlich mit den

Gerüchten in Widerspruch stehen, die über eine Tierart in Umlauf sind, habe ich mich immer um einen Kompromiss bemüht.

Meine Klassifikationen irritieren vielleicht den einen oder anderen. Warum kommen die Fledermäuse zuletzt, obwohl sie doch zu den Chiroptera, ganz an den Anfang, gehören? Aber auch hier brauche ich wohl nur auf den großen Buffon zu verweisen, der sich über jede Systematik hinwegsetzte, wenn er keine Lust dazu hatte.

Wenn Monsieur de Buffon den Tag mit dem Pferd beginnen und das Zebra erst in Abteilung XVII, etliche Bände später, zwischen dem Tapir und dem Nilpferd behandeln wollte, dann machte er das einfach. Wenn er irgendwann oder irgendwo einen umfangreichen Aufsatz über den Bezoarstein oder ein anderes drängendes Problem einschieben wollte, dann hat man ihn eben gelesen und damit basta. Monsieur de Buffon war ein Mann, der hoch über den Niederungen irgendwelcher Systeme stand. Genau wie König Salomon. Und ich bin ihr demütiger Schüler.

Aber reden wir nicht über Vorbilder. Ich habe zahlreiche Vorgänger. Wenn ich von ihnen abgewichen bin, dann nur, um die Tiere nach heutigen Bedürfnissen besser zu ordnen. Außerdem kommt es doch bloß darauf an, dass man fit und gesund ist.

TIERE, DIE SIE KENNEN SOLLTEN

DER LÖWE

Der Löwe wird König der Tiere genannt, das ist das Wichtigste an ihm. Er bewohnt die Tropen und mag Zebras und Hottentotten. Löwen haben einst in Ägypten gelebt, wo sie den Gott Ptah symbolisierten, der alljährlich das Niltal überschwemmte. Die Einheimischen sangen ihnen ägyptische Lieder vor und verließen dann vorsichtshalber die Gegend. Ptolemäus VI veranstaltete eine Parade mit einigen Tausend Löwen und ein paar Hundert Jungfrauen. Der Löwe hat sehr sensible Tast- oder Schnurrhaare, die in Nervenbündeln von der Größe einer Erbse stecken. Wenn Sie die für ein paar Sekunden aus der Nähe inspizieren können, ist Ihre Zeit noch nicht gekommen.[1] Der Löwe ist ein großzügiger Gegner, denn er tötet mit einem einzigen Schlag seiner Pranke und hegt keinen Groll. Wehtun wird er Ihnen nicht, wenn er nicht gerade hungrig, verletzt, verängstigt, ärgerlich oder bösartig ist.[2] Der Löwe ist

---

1 Aristoteles behauptet, der Hals des Löwen bestünde aus einem einzigen Knochen. Aristoteles wusste nichts über den Löwen, was ihn aber nicht hinderte, eine Menge über ihn zu schreiben.
2 Die Frage nach der Stimmungslage von Löwen ist diffizil. Dr. Livingstone wurde von einem Löwen sehr durchgeschüttelt. Auf der anderen Seite haben wir Androklus, Daniel und Corey Ford. Plinius behauptet, der Normalzustand des Löwen sei die Wut; Nero dagegen, der

eine Großkatze, wirkt aber mehr wie ein Hund. Wenn er mit dem Schwanz wedelt, wollen ihm Fremde häufig den Kopf tätscheln. Aber das machen sie meistens nur einmal.[3] Der Löwe wird oft als gemein und feige bezeichnet, weil er sich nicht gern erschießen lässt. Manche Leute verlieren jeden Respekt vor dem Löwen, wenn er sie nicht auf der Stelle frisst. Solche Leute sind eben nie zufrieden. Man sollte die Löwen in Ruhe lassen. Sie waren schließlich zuerst da.

Löwe in Wombwell's Travelling Menagerie, war außerordentlich fügsam und zutraulich.
3 Der Wunsch, mit den Löwen herumzutoben, wenn sie auf ihrer heimatlichen Steppe herumjagen, ist bei Touristen offenbar weit verbreitet. Es ist ja nicht leicht, ein Tier ernst zu nehmen, das in der Steppe herumspringt. Aber wenn man es nicht tut, lachen zuletzt nur die Löwen.

DER TIGER

Tiger sind sehr schöne Tiere, aber wenn sie böse sind, sind sie schrecklich. Sie sind sehr erotisch, weil sie es nicht besser wissen. Sie rauben und plündern und haben oft mehr als zwei Junge. Tiger leben in Asien in *nullahs* und *sholos*. Auf Bäume klettern sie selten, aber ich würde mich nicht darauf verlassen. Es hat keinen Zweck, einen Tiger mit einem »Buh!« zu verscheuchen. Davon wird er nur noch wütender. Den sibirischen Tiger findet man in der Nähe von Blagoweschtschensk und am Ochotskischen Meer, in Omsk aber nicht.[1] Der Menschenfressende Tiger ist alt und kränklich. Er hat seine Kraft und allen Elan verloren und sollte uns leidtun. Junge, normale Tiger fressen niemanden. Wenn Sie von einem Tiger gefressen werden, können Sie ganz beruhigt sein. Der war nicht normal. Ab und zu frisst einen auch mal ein normaler Tiger, aber der meint das nicht so.[2] Tigerjunge spielen mit alten Autoschläuchen

---

1 Miss Elsie McCormick, die in solchen Dingen ein sehr sicheres Urteil hat, hält den Sibirischen Tiger für den wildesten der Gattung Felidae. Den Bengalischen Königstiger hält sie für einen Emporkömmling, denn die Alten Inder kannten ihn noch gar nicht. Ein Wort für »Tiger« gibt es nicht im Sanskrit.

2 Es gibt immer das Risiko, dass ein völlig normaler Tiger unnormal wird, wenn Sie in der Nähe sind. Da Tiger Menschen mit dunkler Haut-

und machen *pfffft*! Leute, die Tiger in ihrer Wohnung halten, werden auch als »Vermisste Personen« bezeichnet. Der Leopard hat einen Schnauzbart.[3] Der Schneeleopard *(Uncia uncia)* hat grüne Augen. Bei den Llanero-Indianern in Südamerika hat der junge Mann, der sieben Jaguare tötet, das Privileg, sich *guapo* zu nennen und das dickste Mädchen des Stammes zur Frau zu nehmen. Manchmal gibt es so viele neue *guapos,* dass auch die etwas dünneren Mädchen mal eine Chance haben.[4]

farbe bevorzugen, empfiehlt es sich, in Asien immer in der Nähe von einigen Ihrer eingeborenen Freunde zu schlafen.
3   Das gilt auch für alle anderen Katzen. Ein scharfer Beobachter hat festgestellt, dass die Vibrissen oder Tasthaare den Tieren sehr dabei helfen, sich im Dunkeln zu orientieren und Gegenstände zu erkennen.
4   Ein Gentleman, der einen längeren Auslandsaufenthalt plante, schenkte dem Tower in London seinen niedlichen jungen Tiger. Als er nach drei Jahren zurückkam, betrat er, zur Bestürzung des Wärters, freudestrahlend den Käfig des Raubtiers, aber das war dann auch gleich das Ende seiner Karriere.

DER ELEFANT

Der Elefant ist sehr intelligent, weil er alles tut, was man ihm sagt. Er trägt Teakholz-Baumstämme, greift mit dem Rüssel nach Erdnüssen und vergisst nie etwas.[1] Ohne seinen Rüssel wäre der Elefant ganz schlecht dran. Deshalb hat er ihn. Wilde Elefanten zertrampeln jeden, der ihnen im Weg steht. Zahme Elefanten zertrampeln nur ganz bestimmte Leute. Der Elefant hat ein freundliches Gesicht, aber sein Gehirn ist relativ klein und altmodisch.[2] Sein Schädel enthält große Hohlräume, die mit Luft gefüllt sind. Während er durchs Leben geht und Erfahrungen sammelt, füllen sie sich immer mehr. Nach dem Baden wirft er sich Staub auf den Rücken. Der Elefant gilt nach dem Menschen als das respektabelste Tier. Und wenn so ein großes Tier respektabel ist, dann ist es schon sehr respektabel. Das Ge-

1 Nachdem er von einem eingebildeten Jüngling namens John Doe mit glühend heißen Pfeffernüssen gefüttert worden war, ließ ein Zoo-Elefant sich viel Zeit und nahm erst fünf Jahre später schreckliche Rache. Dabei wurde er aber erneut reingelegt, denn sein Opfer war gar nicht John Doe, sondern sein Cousin Richard Doe, der ihm sehr ähnlich sah.
2 De facto ist das Gehirn des Elefanten doppelt so groß wie das eines Menschen. Das heißt aber noch lange nicht, dass jeder Elefant doppelt so klug wie ein Mensch ist; das trifft nur auf einige wenige zu.

genteil trifft allerdings auch zu.[3] Bei der Geburt ist der Elefant nur drei Fuß hoch und wiegt dreihundert Pfund. Erwachsene Elefanten sind von unterschiedlicher Größe. Jumbo war zwölf Fuß und sechs Zoll hoch, wenn ihm Mr. Barnum das Maßband anlegte, sonst aber nur zehn Fuß und neun Zoll. Der Indische oder Zirkuselefant wird auch als Dickhäuter bezeichnet.[4] Seine Zehen sind weiß gekalkt. Der Afrikanische Elefant ist zappelig. Einzelgänger unter den Elefanten haben oft originelle Gedanken und werden erschossen.

3   Elefanten haben Arrak sehr gern. Der Mandrill bevorzugt Porter und Gin, während Paviane und Igel grundsätzlich Bier haben wollen. Andere trunksüchtige Wirbeltiere sind die Rußmangabe, der Waschbär und viele Pferde. Sir Stamford Raffles besaß einen Malaiischen Sonnenbär, der grundsätzlich nur Champagner trank. Aber nur die wenigsten Tiere wissen, wann sie genug haben.
4   In Asien schleppt der Elefant einen Mahut mit sich herum, der auf einer Gabella sitzt und mit einem Ankus, Fursi, Gusbar oder Hendoo bewaffnet ist. Gelegentlich tragen Elefanten auch einen Maharadscha in einer Howdah. Erwachsene Elefantenbullen oder Goondahs werden oft mithilfe von trainierten Elefantenkühen oder Koomkies gefangen.

DAS NASHORN

Das Nashorn ist ganz schön wild. Seine Haut ist zwei Zoll dick. Es reagiert nicht auf feine Hinweise und lässt sich weder kränken noch beleidigen. Seinem Gesichtsausdruck fehlt aller Charme, und sein Profil ist hoffnungslos. Die Nashörner haben ein schwaches Augenlicht, aber ihr Gehör ist gut und ihr Geruchssinn noch besser. Sie kennen ihre eigene Stärke nicht. Manche Nashörner greifen an, wenn man sie provoziert, andere galoppieren davon, und man sollte immer wissen, mit was für einem man es zu tun hat. Diskutieren kann man mit ihnen nicht, weil sie die subtileren Differenzierungen nicht begreifen.[1] Eine Nashornehe dauert nicht lebenslang, aber sie funktioniert schon. Am Anfang sind sie sehr glücklich.[2] Wenn sie wütend sind, schnauben sie, reißen Büsche aus und toben im Dickicht herum. Dann fühlen sie sich besser.[3] Die Haut des ein-

---

1 Bei der Großwildjagd sollte man sich stets davon überzeugen, was die ins Auge gefasste Beute plant. Wenn sich ein Nashorn zum Angriff entschlossen hat, musst du im richtigen Moment zur Seite springen, dann trägt sein Schwung das Tier an dir vorbei. Nach einigen Angriffen wird sein Schwung nachlassen, und dann kommt deine Chance.
2 Es ist sehr zu Recht festgestellt worden, dass man ein Rhinozeros erst dann richtig kennenlernt, wenn man mit ihm zusammenlebt.
3 Das Nashorn gilt als nicht zähmbar. Aber wahrscheinlich kann man jedes Tier zähmen, wenn man sich die Mühe macht und genügend

hörnigen Indischen oder Panzernashorns hat an den Schultern, Hüften und anderen Stellen strategische Falten. So ist das immer.[4] Das Schwarze Spitzmaulnashorn hat zwei Hörner, frisst Dornensträucher und Disteln und ist außerordentlich reizbar. Das Weiße Breitmaulnashorn in Zululand ist hellgrau oder rötlich braun. Es frisst nur Gras und ist vom Aussterben bedroht. Das Nashorn wird von Übersee in unsere Zoos gebracht. Am Gehege steht der Name in großen Buchstaben, damit die Leute kommen und rufen: »Schau mal, ein Nilpferd!«

Zeit nimmt. Leider verlieren die meisten Leute das Interesse an diesem Tier, ehe sich der Beweis führen ließe. Sie zähmen lieber völlig andere Tiere.

4   Das Nashorn funktioniert einfach so. Es folgt jeden Tag seinen eigenen Spuren. Jeden Nachmittag um vier bricht es zu seinem Lieblings-Wasserloch auf. Der Philosoph Kant, der Erfinder des Dings an sich, fing seinen Nachmittagsspaziergang immer eine halbe Stunde früher an, um 15 Uhr 30.

DAS FLUSSPFERD

Das Flusspferd ist dick und gut gelaunt. Die Bullen haben sieben Frauen mit einem Gesamtgewicht von einundzwanzig Tonnen. Ihr Femur ist flach. Das Flusspferd sieht monogam aus. Man denkt, es müsste mit einer Frau auskommen.[1] Wie es sieben andere Flusspferde faszinieren kann, ist ein Rätsel.[2] Den größten Teil des Gesichts versteckt das Tier unter Wasser. Flusspferde können es aus gutem Grund nicht ertragen, allein zu sein. Sie ziehen es vor, in Herden zu leben, obwohl das bedeutet, dass sie ständig mit anderen Flusspferden zusammen sein müssen. Sie verbringen ihre Zeit damit, im Wasser zu dümpeln, zu gähnen und im Nil, Sambesi und Limpopo Blasen zu machen. Sie glauben, dass nichts anderes zählt. Sie haben nicht mal Schlüsselbeine, und es ist ihnen vollkommen egal.[3]

1   Ich bin mir vollkommen bewusst, dass die Flusspferde der *Encyclopaedia* monogam sind. Bei meiner Darstellung verlasse ich mich teils auf Intuition und teils auf die nigerianische Volksweisheit. Die Folklore irrt selten bei diesen Dingen. Für die Nigerianer ist sie das halbe Leben.
2   Dass ein Flusspferdbulle auch nur einem einzigen Weibchen gefällt, ist schon ein Rätsel. Aber so reizlos es scheinen mag, das Aussehen des Hippos ist freundlich, und das gleicht vieles andere aus. Ein anderer Vorteil besteht offenbar darin, dass die Nashörner noch hässlicher sind.
3   Dafür hat es einen *Astralagus* oder *huckle-bone* in der Fußwurzel. Was es damit anfängt, weiß ich aber auch nicht.

Hippos mögen lustige Streiche. Es macht ihnen einen Riesenspaß, einfach abzutauchen und dann irgendwo wieder aufzutauchen, wo man es nicht erwartet. Und wenn sie hochkommen, beißen sie einem ein schönes Stück aus dem Kanu heraus. Das Zwergflusspferd lebt in Liberia und in der Bronx. Das Flusspferd ist das größte nicht wiederkäuende, paarhufige Säugetier, aber was hat es schon davon? Die Ajumba machen *jamboks* und *sjamboks* aus seiner Haut: Nilpferdpeitschen. Die Alten Griechen erinnerte es an ein Pferd, deshalb nannten sie es Hippopotamus. Woran ein Pferd sie erinnerte, ist nicht bekannt.[4]

4 Der Reverend M. G. Watkins hat ermittelt, dass der Behemoth im Buch Hiob doch kein Hippopotamus gewesen ist, sondern ein Mammut, weil man die Buchstaben B und M im Arabischen austauschen kann. Wir haben hier ein wunderbares Beispiel für Grimms Gesetz, entdeckt von Isabel Paterson im Jahre 1920.

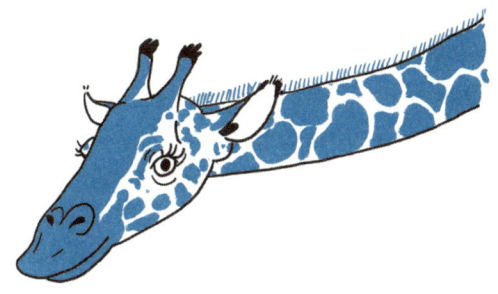

DIE GIRAFFE

Die Giraffe (auch als *Kamelopard* bezeichnet) ist ziemlich ausgefallen, aber wer ist das nicht? Die Giraffen sind deshalb so groß, weil ihre Vorfahren immer die obersten Zweige der Bäume gefressen haben. Die kürzeren Giraffen konnten die oberen Zweige nicht erreichen und sind allmählich ausgestorben. Warum sie nicht die Zweige von kürzeren Bäumen gefressen haben, ist nicht bekannt. Vielleicht sind sie einfach nicht auf die Idee gekommen.[1] Wenn sie neben einer Mi-

1   Der Hals der Giraffe verführt manche Leute unweigerlich zu zweifelhaften Scherzen über Mandelentzündungen und so etwas. Zumindest theoretisch sollte es aber möglich sein, diese Eigenschaft der Giraffe auch ohne sinnloses, lautes Lachen zu diskutieren. Andererseits gibt es wirklich kaum eine Entschuldigung für so viel Hals bei einem Säugetier.

mose steht, ist die Giraffe vom Baum nicht zu unterscheiden, nur dass sie vier Beine und einen Schwanz hat. Manche Jäger belauern tagelang eine Mimose und erzielen doch kein Ergebnis. Andere belauern Apfelbäume. Die Giraffe ist unsicher und schreckhaft. Sie weiß nie, was sie als Nächstes tun wird.[2] Die Herde wird von einem erfahrenen Bullen regiert, der von mehreren erfahrenen Weibchen regiert wird. Die Monate April und Mai verbringen die Bullen damit, sich gegenseitig vors Schienbein zu treten. Die Jungen werden im Juni des folgenden Jahres geboren.[3] Die Nördliche oder Netzgiraffe ist völlig vernetzt. Die Südliche oder Fleckengiraffe hat große braune Augen, aber das hat nichts zu bedeuten.[4] Bei den N'jemps von Legumukum werden Giraffen als heilig angesehen, weil sie so viel wert sind. Der garantierte Abschuss einer erst-

2 Über das Maschinenzeitalter machen sich die Giraffen viele Gedanken. Sie haben nicht viel Verständnis für Leute, die ständig sagen: »Ist es nicht wunderbar – all diese neuen Erfindungen?« Für eine Giraffe sind praktisch alle Erfindungen pures Gift. Möglicherweise entschließt sie sich auszusterben.

3 Eigenartigerweise werden fast alle Tiere im Frühjahr geboren, obwohl immer wieder festgestellt worden ist, dass Tiere gar nicht zählen können.

4 Der etwas sentimentale Gesichtsausdruck der Giraffe hat eine der Autoritäten zu der Bemerkung veranlasst: »Sie scheint nachzudenken.« Na ja, das kann man eigentlich von jedem sagen.

106

klassigen Giraffe wird mit ungefähr fünfzehntausend Dollar bezahlt. Was das Land braucht, wäre eine gute Giraffe in mittlerer Preislage.[5]

5 Als Haustier ist die Giraffe oft etwas sperrig. Sie sind sehr auffällig, und die minderen Sorten leiden oft unter Mottenbefall. Sie fressen Kekse, Cornflakes, Maulbeerblätter, künstliche Blumen und Farbe. Aber das Schlimmste ist, dass einen dauernd jemand laut schreiend fragt: »Wo haben Sie die Giraffe her?«

SÄUGETIERE GUTER BIS MITTLERER QUALITÄT

DER EISBÄR

Der Gefrierpunkt des Eisbären liegt ziemlich niedrig. Wenn alle anderen nur noch von Frostbeulen reden, beschwert er sich über die Hitze. Sein Lieblingsplatz ist auf einem Eisblock. Erfrierungen hat er nie, aber gelegentlich dreht er durch. Eisbären leben vor allem von Robben. Wenn Sie wie ein Seehund aussehen, empfiehlt es sich, der Arktis fernzubleiben. Eisbären werden sehr viel später reif als Tiere, die am Äquator leben. Manche Eisbären leben so weit nördlich, dass sie praktisch gar nicht reif werden. Aus den besten macht man Bettvorleger, damit die Leute drüber stolpern können. Manche Bären wollen keine Bettvorleger werden. Die taugen nicht viel. Der Kodiakbär lebt auf der Insel Kodiak. Das Fell des Braunbären wird von den Briten und den Bewohnern von Kamtschatka zu Bärenfellmützen verarbeitet. Die Kamtschadalen und Kamtschadalinnen tra-

111

gen dünne Bärenmasken, um ihr Gesicht vor der Sonne zu schützen. Warum sie so scharf darauf sind, ihr Gesicht vor der Sonne zu schützen, ist nicht bekannt.[1] Bären fressen jedenfalls keine Kamtschadalen und Kamtschadalinnen.[2] Sie fressen Blaubeeren.[3] Der Malayische Sonnenbär frisst Aprikosen, Honig, Porridge, Mangostinfrüchte und Schokoriegel mit Mandeln. Im Zoo langweilen Bären sich selten, weil sie immer so viele komische Sachen sehen.[4]

1 Die Kamtschadalen und Kamtschadalinnen sind in Topform, wenn sie diese Masken tragen. Außer den Bären haben sie noch Nebel, Hungersnöte, Vulkane, Epidemien von Pibloktoq oder arktischer Hysterie, Moosbeeren und Radios.

2 Der Braunbär spürt die Anwesenheit von Kamtschadalen und Kamtschadalinnen meilenweit, auch wenn sie im Lee stehen.

3 Ich glaube nicht, dass die Bären auch nur annähernd so viel Winterschlaf halten, wie immer behauptet wird. Heutzutage wird ja jeder, der sich langsam bewegt, sofort beschuldigt, er befinde sich wohl im Winterschlaf, auch wenn er gar nicht dran denkt. Manche Spezies sind einfach immer lethargisch oder im Koma.

4 Seit dieser Geschichte mit den beiden Bärinnen, die zweiundvierzig Knaben zerrissen haben (2. Könige 2, 23–24), halte ich nicht mehr viel von Elisa. Es ist nicht sehr nett, wenn man zu einem Propheten sagt: »Kahlkopf, komm herauf!«, aber Elisa hätte die Kinder auch nicht gleich verfluchen müssen. Denn damit hat er die Bärinnen ja aus dem Wald gebracht. Mr. Frank Finn, B. A. (Oxon), F. Z. S. (1868–1932) glaubt, dass die Jungs von den Bären skalpiert worden sind. »Auf diese Weise«, schreibt er, »hätten sie ihre verdiente Strafe erhalten, weil sie am Ende selbst kahlköpfig waren.« Ich weiß gar nicht, was ich denken soll, von diesem Mr. Finn.

112

DER BIBER

Der Biber ist sehr fleißig, bleibt aber trotzdem ein Biber. Sein Gehirn ist sehr geschmeidig. Er arbeitet sein ganzes Leben, und am Ende ist er ein toter Biber.[1] Biber sind geschickte Ingenieure, aber in Mathematik sind sie schwach. Sie bauen Biberdämme, die das umliegende Land überfluten, Bäume ertränken, Ernten vernichten und oft auch die Schifffahrt behindern. Biber sind leuchtende Vorbilder für unsere Jugend.[2] Wenn sie einen Damm gebaut haben, bleiben sie in der Nähe, bis die Hudson Bay Company kommt und sie schnappt. Von den Ureinwohnern von Michigan, den *Ojibways* oder *Chippeways* werden sie *O-bo-ya-was* oder *Gi-chi-ah-miks* genannt.[3] Nachts halten die Biber die Anwoh-

---

1 Um der Gerechtigkeit willen muss man betonen, dass der Biber diese Dinge tut, weil er sie tun muss, nicht weil er glaubt, dass ihn harte Arbeit zu einem besseren Biber macht. So dumm ist er nicht! Der Biber ist ein Nagetier. Deshalb nagt er. Das ist der Kern seines Wesens.

2 Biberisten und Biberologen schreiben immer ein paar lobende Worte in ihre Berichte über den zweitgrößten Nager. Sie halten es für völlig normal, vierzig oder fünfzig Lebensjahre in die Erforschung des Themas zu investieren; alles, was kein Biber ist, erscheint ihnen abseitig.

3 Binny, ein junger Biber, den Mr. Brodleip 1825 gezähmt hatte, baute seine Biberdämme grundsätzlich im Wohnzimmer. Seine Bauten bestanden vorwiegend aus Besenstielen, Wärmflaschen, Weidenkörben, Büchern, Stiefeln, Kleidungsstücken, Kohle, Stricken, Heu, Baumwolle

ner wach, indem sie mit ihren Schwänzen aufs Wasser schlagen. Im Winter sitzen sie in ihren Biberbauen, fressen Zweige und haben die Krätze.[4] Im Februar benehmen sich die Biber sehr merkwürdig. Die Paukenblase des Bibers ist rund und größer als beim Menschen. Junge Biber werden mit offenen Augen geboren. Im Alter von einem Jahr wissen sie alles, was sie wissen müssen.[5]

und getrocknetem Torf. Glücklicherweise unterstützte Mr. Brodleip diese Aktivitäten.

4 Eine knappe und prägnante Zusammenstellung aller Falschmeldungen über den Biber finden Sie in der Natural History of Animals von John Bigland, der auch A View of the World und die Letters on Universal History verfasst hat. Wie so viele andere Autoren wusste auch Mr. Bigland weit mehr über Universalgeschichte als über Biber.

5 Plinius der Ältere informiert uns darüber, dass der Pontische Biber einen bösen Biss hatte (horrendus morsus). Ich weiß allerdings nicht, ob er tatsächlich von einem Pontischen Biber gebissen wurde oder ob das nur eine Warnung für Plinius den Jüngeren war.

DAS GNU

Das Gnu gehört zum antilopischen Zweig der hohlhörnigen Wiederkäuer. Es ist der Trottel in der Familie. Es sieht aus, als wäre es aus den Ersatzteilen von Büffeln und Ponys zusammengesetzt, und das kann alles Mögliche bedeuten.[1] Gnus regen sich über alles und nichts auf. Dann rasen sie hin und her, jagen sich gegenseitig im Kreis, scharren mit den Hufen, schlagen aus oder rennen wie wild durch die Steppe. Dann kommen sie wieder zurück, als ob nichts gewesen wäre.[2] Das machen sie fünfzig bis sechzig Jahre lang.[3] Das Gnu ist

1 Bei der jüngeren Generation gibt es eine bedauerliche Tendenz, das Gnu, speziell die weißschwänzige Variante, als »Wildebeest« zu bezeichnen. Ich möchte hier eindeutig feststellen, dass diese Unsitte keinerlei Unterstützung von denen erhält, die mit dem guten alten Gnu aufgewachsen sind. Von wegen »Wildebeest«, pah!

2 Die weitverbreitete Ansicht, dass Gnus verrückt seien, kommentiert W. Lauder Lindsay, MD., F. R. S. E., F. L. S., Ehrenmitglied des New Zealand Institute (bisher gibt es keine Gnus in Neuseeland) mit folgenden Worten: »Es gibt keinerlei Beweise dafür, dass irgendeine Tierart, als Tierart, d.h. mit all ihren Mitgliedern, regelmäßig verrückt wären, auch wenn ihr Verhalten noch so exzentrisch erscheint.« Bei der Erörterung dieses Themas zeigen Gnusachverständige oft eine Weisheit, die der des Gnus schon sehr nahe kommt.

3 Für wertvolle Hinweise über die Sitten und Gebräuche pensionierter Gnujäger wie Colonel Sir Francis Pashley Drake, in Bludleigh Court, Lesser Bludleigh, Goresby-on-the-Ouse in Bedfordshire, bin ich Mr. P. G. Wodehouse und speziell dem 5. Kapitel in seinem Werk *Mr. Mulliner Speaking* (1930) verpflichtet. Wie es scheint, beruht das unkontrollier-

außerordentlich neugierig. Es klettert sogar auf Termitenhügel, um nach Dingen Ausschau zu halten, die seine Neugier wecken. Es riskiert sein Leben, bloß um zu sehen, was los ist. Das lohnt sich zwar praktisch nie, aber das ist dem Gnu egal. Das männliche Gnu lässt sich auf eine halbe Meile Entfernung vom weiblichen Gnu unterscheiden. Es ist größer und schwärzer und begattet eins nach dem anderen. Gnus fressen alle in derselben Richtung und haben oft Rinderpest. Sie tun sich mit Straußen und Quaggas und anderen Verrückten zusammen. Manche Leute befürchten, dass die Weißschwanzgnus, das Weißbartgnu und das Streifengnu bald genauso aussterben werden wie die Quaggas. Die Sorge können sie sich sparen. Solche Dinge leben ewig.[4]

bare Bedürfnis, Gnus zu schießen, entweder auf einem Überfluss oder auf einem totalen Mangel an Gnus in der Kindheit.
4 Gnus sind ein unersetzlicher Rohstoff für Kreuzworträtsel (»afrikanischer Wiederkäuer«) und grässliche englische Wortspiele wie *No Gnus is good Gnus* oder *Happy Gnu Year*! Ein Ende dieser Tierart ist daher nicht abzusehen.

DER WAL

Der Wal ist ein Säugetier, weil wir das inzwischen begriffen haben. Sonst wäre er weiter ein Fisch. Im Alter von achtzehn Monaten bringt man unseren Kindern bei, »Der Wal ist ein Säugetier« zu sagen. Diejenigen, die sich weigern, nennt man »Problemkinder«. Die Brustflossen des Wals enthalten rudimentäre Finger zum Rudern. Das beweist, dass er kein Fisch ist.[1] Oder

1 Das Becken des Wals ist ebenfalls nur noch in Spuren vorhanden. Man könnte meinen, sie sollten so etwas haben, aber die Cetologen sagen nein.

nicht?[2] Er hat auch bis zu vierzehn kleine kugelförmige Milzen und Steuer- und Backbord-Fluken. Gefangen wird der Wal, indem man ihn mit Harpunenkanonen beschießt und dazu brüllt: »Wal, Wal, da bläst er!«[3] Oft wird er dann zum letzten Mal gesehen. Albern werden die Wale alle zwei Jahre. Die Jungen werden Kurzköpfe oder Baby-Blimps genannt. Viele Wal-Romanzen beginnen in der Baffin Bay und enden in der Parfümfabrik von Procter and Gamble, Staten Island. Der Blauwal oder »Schwefelbauch« ist ein Bartenwal. Er ist hundert Fuß lang, und seine Rückenflosse kann er nicht sehen.[4] Der Kopf des Pottwals ist asymmetrisch und erstreckt sich über ein Drittel seiner Gesamtlänge. Er ist mit Fettgewebe und Walrat gefüllt. Der Zwergpottwal

2 Mr. John Bigland sagt, die gegenwärtige Klassifikation der Wale als Säugetiere scheine »nicht hinreichend mit den allgemeinen Ansichten zu diesem Thema übereinzustimmen«. Genau! Sag ich doch!
3 Die sibirischen Korjaken (eine Form der Kamtschadalen und Kamtschadalinnen) besänftigen die Seele der getöteten Wale, indem sie behaupten, an allem wären die Russen schuld. Die Verhältnisse bei den Dyaks und Ostiaken sind auch nicht besser.
4 Plinius der Ältere hat einen Wal beschrieben, den er als »Balena« oder »Strudel« bezeichnete. Er sei so lang und breit, dass er »zwei Morgen Land« bedecke. Das wirft erneut die Frage auf: Sind die Klassiker zum Untergang verurteilt? Unsere Vorfahren waren der Ansicht, wenn man vier Jahre lang solche Informationen verbreitet, wird man unweigerlich Präsident oder zumindest Minister. Es scheint aber nicht immer zu klappen.

hat ein unvollständiges Jochbein und ist nicht sehr populär. Rundkopfdelfine werden Grampus genannt. Sie atmen schwer und lassen sich in Atlantic City antreffen.

DAS ZEBRA

Z steht für Zebra. Das Zebra ist ein kleines, gestreiftes Pferd[1] oder Esel. Es lebt in Afrika. Das Zebra ist am ganzen Körper gestreift, damit die Löwen es finden und fressen können. Manche Leute allerdings sagen, es sei gestreift, damit der Löwe es *nicht* sehen kann. Diese Leute glauben, die Streifen sähen so aus wie Sonnenstrahlen im hohen Gras, das Zebra sei unsichtbar und die Erde sei eine Scheibe. Das ist die sogenannte ruptive oder »Tarnfarben«-Denkschule. Danach wird jedes offiziell als unsichtbar klassifizierte Objekt bis auf Weiteres genau das: unsichtbar.[2] Die Zebrahengste fechten um der Liebe willen heftige Kämpfe aus, und der Sieger kriegt zur Belohnung von den Stuten einen Tritt auf die Nase. Zebras mischen sich mit Straußen und Gnus, weil sie sich mit allem mischen. Zebras haben einen Wider-

1 Pferde wurden von den Hyksos oder Hirtenkönigen in Ägypten eingeführt (vgl. *Le Cheval,* Paris 1886). Weitere Hinweise auf die Paläontologie des Pferdes finden Sie in *How to be a Hermit.*
2 Zebra-Fans übertreiben oft in ihren Behauptungen über das Streifentier. Miss Florence Brobeck hat mir so oft von ihrem Vortrag bei der International Zebra Protective Coloration Society erzählt, dass ich es fast selbst schon glaube. Abgesehen von dieser kleinen Schwäche ist Florence eine der besten Schriftstellerinnen und Rednerinnen, und obendrein ein richtiger Hingucker. Vielleicht hat sie ja wirklich bei der I. Z. P. C. S. gesprochen.

rist, Kruppen, Fesseln und Warzen auf den Vorderläufen.[3] Sie bellen. Die Bergzebras bewohnen Bergregionen und hinken auf der abgekehrten Seite. Sie sind schwarz und weiß gestreift. Das Steppenzebra ist beige und braun; Pink steht ihm noch besser. Das Quagga ist jetzt ausgestorben, weil es so ein Esel war.[4] Es mochte gern afrikanischen Wegerich. Zirkus-Zebras sind schön, störrisch und dumm. Wenn man sie im Kreis herumführt, sieht es aus, als würden sie mitspielen. Zebras achten sehr auf Etikette. Am Wasserloch trinken die Männchen zuerst, dann die Weibchen und dann alle anderen.[5]

3 Autoren, die Witze über das Zebra machen wollen, sollten Sing Sing, frische Farbe und die Barber-Pole-Illusion nicht vergessen. Die Frage, ob Zebras weiß mit schwarzen Streifen oder schwarz mit weißen Streifen sind, bringt auch immer einen passablen Lacher. Wenn Sie für Intellektuelle schreiben, weisen Sie darauf hin, dass George Moore (1852–1933) der Ansicht war, Zebras wären in der Kunst nicht zu brauchen. Eigentlich sind Zebrawitze so einfach, dass ich selbst welche machen könnte.
4 Die Meinungen darüber, wie viele Arten von Eseln es gibt, gehen weit auseinander. Eine konservative Schätzung beläuft sich auf 17 000.
5 Einige Teile von Afrika sind völlig von holländischen Siedlern und Zebras durchsetzt. Die Siedler haben die Zebras geschossen, weil sie die Felder zerstörten. Wie oben schon dargestellt, sind Zebras sehr hübsch. Von den Siedlern kann man das nicht immer sagen.

HÄSSLICHE TIERE

DAS SCHNABELTIER

Wenn du ein Säugetier bist, aber Eier legst, gibt es unweigerlich Gerede. Das australische Schnabeltier oder Ornithorhynchus ist der beste Beweis dafür. Von Säugetieren erwartet man, dass sie lebend gebären, aber das Schnabeltier legt Eier, und deshalb wurde es in die unterste Klasse[1] der Mammalia gesperrt, zusammen

1 Ich muss wohl kaum darauf hinweisen, dass der Mensch das höchste Säugetier ist, mit Ausnahme vielleicht der Giraffe.

mit den Echnida oder Ameisenigeln.[2] Sie verstehen es nicht besser, aber das ist natürlich keine Entschuldigung.[3] Das Schnabeltier könnte man gar nicht erfinden. Es hat Schwimmhäute, T-förmige Schlüsselbeine, braune Augen und während der Brunftzeit giftige Sporne am Tarsus. Es hat kein Corpus callosum, keine Außenohren und sehr wenig Verstand. Eigentlich hätte es im Pliozän aussterben sollen, aber es wollte nicht. Schnabeltiere bauen sich Nester aus Gras und den Blättern von Lotosblumen in ihren Höhlen, die sie in die Uferböschung von Bächen graben. Über ihr Geschlechtsleben weiß man nicht viel, aber das reicht schon. In Gefangenschaft sind die Jungtiere munter und drollig. Sie klettern auf den Möbeln herum und graben sich durch die Wände auf der Suche nach Regen-

2 Im Mesozoikum gab es jede Menge Eier legende Säugetiere, und keiner hat sich was dabei gedacht. Aber wir leben schließlich nicht mehr im Mesozoikum.

3 In seinen *Zoölogical Notes* (1883) hat Mr. Arthur Nicols, F. G. S., F. R. G. S., der Verfasser von *The Puzzle of Life and How It Has Been Put Together,* einen ausführlichen Bericht über seine Schnabeltierbeobachtungen vorgestellt, in dem er darlegt, dass das Schnabeltier keine Eier legt und gar nicht dran denkt, das zu tun. De facto hatte er das Schnabeltier tagelang dabei beobachtet, wie es keine Eier legt. Im folgenden Jahr war Professor Mosley, der Präsident der Biologischen Sektion, in der Lage, einer in Montreal stattfindenden Versammlung der British Association die inzwischen historische Mitteilung zu machen: »Caldwell erklärt Kloakentiere für Eier legend und ihre Eier für meroblastisch.«

würmern und Krebsen.[4] Ameisenigel sind in gewisser Weise noch primitiver. Sie sehen von vorne und hinten fast gleich aus.

4 Schnabeltiere sollten in alten Eisschränken gehalten werden, die mit australischen Landschaftsbildern und Gummiwischern verkleidet sind. 1922 gab es mal eins im Zoologischen Park in New York. Es hatte $ 1400 gekostet und war sehr nervös. [NB: Die private Haltung von Schnabeltieren ist streng verboten.]

DAS FAULTIER

Die Faultiere oder Folivora gehören zur Ordnung der Edentates oder Zahnarmen Säugetiere. Sie haben achtzehn Zähne. Ihr Leben verbringen sie kopfüber, weil sie an den Ästen von Kanonen-, Trompeten- oder Ameisenbäumen in Mittel- und Südamerika hängen.[1] Was

1 Der frivole Sidney Smith behauptete sogar, das Faultier befinde sich in einem ständigen Zustand der Abhängigkeit, wie ein Kaplan, der auf entfernte Weise mit einem Bischof verwandt ist. Das könnte natürlich sein.

ihnen aber nichts ausmacht. Wenn ihnen das Blut in den Kopf schießt, passiert nichts, weil sich dort nichts befindet, womit etwas passieren könnte. Faultiere sind nicht aktiv, weil sie bereits vor Millionen Jahren festgestellt haben, dass ihnen Aktivismus nicht guttut.[2] Faultiere fressen die Blätter von Ameisen-, Trompeten- oder Kanonenbäumen in Mittel- und Südamerika und denken über ihre Probleme nach.[3] Ihre Arme sind zu lang, auf ihren Füßen haben sie keine Sohlen, und ihr Jochbein ist auch nicht so toll.[4] Sie fragen sich ständig, ob es ihnen besser geht oder schlechter.[5] Faultiere sind weder impulsiv noch spontan. Eins ist ihnen genauso

2 Die Vorstellung, dass die Faultiere praktisch unbeweglich sind, scheint weitverbreitet zu sein. Von verschiedenen Lehnsessel-Autoritäten habe ich erfahren, dass Faultiere »oft eine Woche für ein paar Schritte brauchen« oder »viele Tage, um einen Baum zu besteigen«, wenn nicht gar »Monate«. Natürlich ist nichts davon wahr. Um die Wahrheit zu erfahren, muss man selbst im Urwald leben.
3 Faultiere werden oft des Selbstmitleids beschuldigt. Ich habe nie verstanden, was am Selbstmitleid so schlimm sein soll. Ich habe mich damit auch schon beschäftigt.
4 Ein Experte findet: »Ihre Oberschenkel und Hüften scheinen fast unzusammenhängend.« Warum auch nicht?
5 Monsieur de Buffon war zutiefst schockiert über die Faultiere. »Noch ein einziger weiterer Defekt«, sagte er, »dann wären sie vollkommen lebensunfähig.« Er betrachtete sie als die jämmerlichsten und unglücklichsten Geschöpfe unter den Tieren, die Opfer ständiger Schmerzen, die womöglich unter dem besonderen Missfallen der Allmacht zu leiden hatten. Ich kann nicht glauben, dass es wirklich so schlimm ist. Die Faultiere wirken manchmal durchaus sehr vergnügt.

recht wie das andere. Als Haustiere sind sie sanft und unaufdringlich. Baby-Faultiere hängen sich an die Kleidung und bleiben da. Baby-Faultiere abzuhängen ist lustig, aber der Reiz des Neuen verliert sich. Hinsichtlich der Zahl ihrer Zehen sind Faultiere eigen. Das Ai oder Dreizehen-Faultier ist kleiner als das Unau oder Zweizehen-Faultier. Das schamhafte Cayenne-Faultier stirbt langsam aus. Das Riesenfaultier von Buenos Aires ist schon ausgestorben. Es lebte am Boden und war ein bisschen zu groß.

DIE HYÄNE

Hyänen sind schlecht zu ertragen. Shakespeare erwähnt sie, aber das hilft auch nicht weiter. Hyänen suchen sich die Schwachen und Wehrlosen als Opfer. Sie fressen Gazellenbabys und Hottentotten und alte Frauen, die Feuerholz sammeln.[1] Andere Tiere fressen keine Hyänen. Irgendwo gibt's eine Grenze. Hyänen neigen zur Wut, Begehrlichkeit und Fressgier.[2] Stolz sind sie nicht, denn sie haben nichts, worauf sie stolz sein könnten. Sie haben trübe Augen, aber nur sechzehn Zehen und keinen Alisphenoid-Kanal. Hyänen schleichen. Sex interessiert sie nicht besonders. Sie würden lieber Gräber ausrauben. Sie machen immer das Falsche, das ist ihre Lebensaufgabe.[3] Hyänen lachen, aber das ist kein Spaß. Sie haben ihre eigenen Witze, und die finden die Nichthyänen nicht lustig. Die gestreifte Hyäne[4] wohnt

1 »Hau ihm noch eine rein, der hat keine Freunde«, ist der Lieblingsspruch der Hyänen.
2 Es heißt gelegentlich, Hyänen seien ohne Grund teuflisch gemein. Das ist nicht wirklich wahr. Bei genauem Hinsehen hat alles einen Grund, was Hyänen tun, auch wenn er nicht richtig passt.
3 In der Antike war man der Ansicht, dass Hyänen im einen Jahr männlich sind und im nächsten Jahr weiblich. Das sind sie nicht.
4 Mit gewohnter Galanterie erklärt Aristoteles: »Weibliche Hyänen trifft man sehr selten.«

131

in Indien, Persien,[5] Arabien, Mesopotamien, Abessinien auf dem Parnass.[6] Die Tüpfelhyäne ist getüpfelt. Die fossile Hyäne findet man in Großbritannien. Man braucht nur drei Jahre, um eine komplette Hyäne zu werden.[7]

5 NB: Die Perser haben sowohl Hyänen als auch Nachtigallen.
6 Die Azande (ehemals Niam Niam) ziehen sich Hyänenfelle an, wenn sie überhaupt etwas anziehen.
7 In den letzten Jahren ist die Frage aufgetaucht, ob Hyänen nicht gelegentlich darunter leiden, dass sie Hyänen sind. Nein, das tun sie nicht. Wenn sie mit der offensichtlichen Tatsache konfrontiert werden, dass sie Hyänen sind, dann streiten sie es einfach ab, oder sie tun so, als wäre das eine Tugend. Sie zitieren Nietzsche oder sagen einem, man sollte sich um seine eigenen Angelegenheiten kümmern. Ab und zu gibt es Hyänen, die andere Hyänen schrecklich finden.

DIE FLEDERMAUS

Die Fledermaus ist ein ziemliches Chaos. Sie ist ein Säugetier[1], aber sie fliegt[2] mithilfe von Häuten, die wie ein Schirm über ihre verlängerten Finger und andere Dinge gespannt sind.[3] Fledermäuse sind traurige Wesen[4], denn sie haben nur eine rudimentäre Elle, einen vergrößerten konischen Tragus und Zitzen, die in der Nähe der Achseln sitzen. Viele Fledermäuse haben üppige Nasenblätter über der Schnauze, was ihr Aussehen nicht gerade verbessert. Sie versuchen, diese Nasenblät-

1 Der anhaltende Volksglaube, dass die Fledermaus kein Säugetier sei, beruht offenbar auf der Theorie, dass ein Maultier kein Vogel sei – eine scharfsinnige Überlegung, die schon manchen Gelehrten zeitweilig außer Gefecht gesetzt hat.
2 Es ist wirklich netter, wenn man die Fledermäuse als Säugetiere bezeichnet. Wenn man sie mit den Vögeln vergleicht, werden ihre Mängel viel zu schnell offensichtlich. Im Vergleich zu einer fliegenden Bulldogge schneiden sie aber sehr gut ab.
3 Aristoteles sagt: »Wenn man die Fledermäuse als geflügelte Tiere begreift, haben sie Füße, betrachtet man sie dagegen als Vierfüßer, haben sie keine.« In diesem Punkt kann ich den Stagiriten nicht unterstützen. Wenn wir die Fledermäuse als Vierfüßer betrachten, haben sie durchaus Füße.
4 Trotzdem ist es einigen unserer Humoristen gelungen, Scherze über die Fledermäuse zu machen. So wird u.a. behauptet, »a bat in the belfry« sei doppelt so wertvoll wie Fledermäuse im Haar. Oft werden Leute auch halb im Scherz als »Old Bat« bezeichnet. Aber eben nur halb.

ter immer wieder mit den Ohren zu berühren, und haben dabei oft Erfolg. Fledermäuse können ihre Beine nach allen Seiten rotieren lassen. Aber niemand weiß, ob ihnen das wirklich Spaß macht. Das Gehirn ist so primitiv wie das der Spitzmaus. Fledermäuse sind Frugivoren, Insektivoren, Sanguivoren oder Piscivoren. Fledermäuse schwärmen bei Nacht aus. Während des Tages schlafen sie. Dabei hängen sie kopfüber in Kirchtürmen, Höhlen, Schlossruinen und den Dachbalken des Queen's College in Cambridge. Bei den Fledermäusen gibt es auch Zwillinge. Der Schädel der Gewöhnlichen Englischen Fledermaus ist konkav. Die Rote oder New Yorker Fledermaus dringt nachts in Schlafzimmer ein und ist sehr erratisch. Die Flughunde auf den Malayischen Inseln schlafen auf Gummibäumen und werden von manchen Leuten mit Obst verwechselt.[5]

5 Bei den Wotjobaluks in Südost-Australien werden die Fledermäuse als *Ngunungunuts* bezeichnet. Als er auf einem Bankett eine Rede halten sollte, erklärte ein Freund des Autors in einem Moment der Verwirrung, dass die Fledermäuse bei den Ngunungunuts als *Wotjobaluks* bezeichnet würden. Zu seinem großen Entsetzen warfen ihn die Festgäste buchstäblich hinaus.

Um Fledermäuse zu lieben, muss man ein echter Naturfreund sein.[6]

6 Eine meiner Korrespondentinnen möchte gern wissen, welches die hässlichste Fledermaus ist. Ich kann mich aber zwischen der Großen Hasenschartigen Fledermaus aus Paraguay, der Kleinen Schnauzbärtigen Fledermaus aus Österreich, dem Tibetischen Röhrennasenflughund, der Westlichen Bulldogenfledermaus vom Amazonas, der Malayischen Nacktfledermaus und der Chinesischen *Peen-foo-, Foo-yeh-* oder *Fei-Shoo*-Fledermaus nicht entscheiden. Ich finde die Bleiche Amerikanische Wüstenfledermaus und die Schlitznasenfledermaus schon schlimm genug.

DAS ERDFERKEL

Beim *Aardvark* oder Erdferkel weiß man nicht genau, woran man ist. Es hat Augen wie eine Katze, Ohren wie ein Maultier und Zähne wie eine Forelle. Aber so etwas wie die lange, klebrige Zunge haben Sie noch nicht gesehen. Die Erdferkel ähneln dem Bajjerkeit oder Kurzschwanz-Manis aus Ceylon und dem Dickichtwaldsänger im Central Park. Aber irgendwie schaffen sie es, besonders hässlich[1] und lästig zu sein. Sie leben von

---

1 Immer wieder wurde die Frage gestellt, ob das Erdferkel sein Aussehen verbessern könnte. Ich neige zu der Ansicht, dass dies möglich ist.

Termiten und Ameisen. Deshalb sind sie voll von Ameisensäure. Die Krabbeltiere sind äußerst nahrhaft. Erdferkel lassen sich gern den Rücken kratzen und finden auch Leute, die das für sie tun. Als Bettgenossen sind sie recht merkwürdig. Sie graben sich schneller in die harte Erde als Buren.[2] Über ihre geistigen Fähigkeiten sollte man lieber nicht reden.[3] Sie haben aber helle Momente und Glaubensvorstellungen, auf die ich hier nicht weiter eingehen kann.[4] Erdferkel sind nächtlich und scheu.[5] Sie fürchten, dass man sie auslacht oder schief anguckt.[6] Erdferkel haben achtzehn scharfe Krallen, fünfundzwanzig Schwanzwirbel, und der Jochbeinbogen ist ausnahmsweise in Ordnung. Wir könn-

2 In dieser Hinsicht sind sie nicht anders als die amerikanische Sandklaffmuschel *(Mya arenaria)*.
3 Die N'jemps aus Kenia haben ein volkstümliches Sprichwort: »Sei doch kein Erdferkel.«
4 In Wirklichkeit kenne ich diese Glaubensvorstellungen gar nicht. Und ich lege Wert auf die Feststellung, dass sie auch das Letzte sind, was ich wissen will.
5 Nicht alle nachtaktiven Tiere sind scheu. Ganz im Gegenteil.
6 Das liegt daran, dass sie nicht hämisch zurückschauen können. Junge Erdferkel sollten gezwungen werden, jeden Tag mehrere Stunden lang hämisch zu schauen. So lange, bis sie ein bisschen Selbstachtung haben.

ten ohne Erdferkel auskommen, aber die Erde wäre nicht mehr dieselbe.[7]

7 Ich muss meine Leserinnen und Leser vor gewissen Risiken warnen, die mit der Lektüre dieses Buches verbunden sind. In ungefähr einer Stunde werden Sie einen dunkelhaarigen Mann treffen und ihm hunderte von Dingen über den Jochbeinbogen des Erdferkels erzählen. Zwei Stunden später wird sich herausstellen, dass er die größte Koryphäe im Hinblick auf die Jochbeinbögen von Erdferkeln ist und Frank Sullivan heißt.

William Jacob »Will« Cuppy (23. August 1884 – 19. September 1949) wurde in der Kleinstadt Auburn, Indiana, geboren, die damals knapp zweitausend Einwohner hatte. Sein Vater war Getreidehändler, verkaufte Landwirtschaftsmaschinen und arbeitete als Holzeinkäufer für die Wabash Railroad. Seine Mutter war Näherin. In seiner Kindheit verbrachte Cuppy viel Zeit auf der Farm seiner Großmutter am Eel River. Hier lernte er die Natur aus nächster Nähe kennen.

Im Jahr 1902 bestand er die Abschlussprüfung der Auburn High School. Er studierte Englische Literatur an der University of Chicago, arbeitete nach dem Bachelorexamen als Hochschulreporter für verschiedene örtliche Zeitungen und veröffentliche 1910 sein erstes Buch mit Kurzgeschichten über das Universitätsleben. 1914 verfasste er seine Masterarbeit, legte die Prüfung ab und ging nach New York, wo er sich mit Werbetexten über Wasser hielt. Nach einem Zwischenspiel beim U.S. Army Motor Transport Corps begann er für die *New York Herald Tribune* zu schreiben und verfasste von 1926 bis zu seinem Tod nicht weniger als 4000 Rezensionen von Kriminalromanen.

Um sich vor dem New Yorker Getümmel und seinem chronischen Heuschnupfen zu schützen, lebte Cuppy von 1921 bis 1929 als Einsiedler in einer Hütte auf Jones Beach Island, einer langgestreckten Insel vor Long Island. Sein Bericht darüber erschien im Jahre 1929. Im selben Jahr wurde die Insel zum Naturschutzgebiet erklärt und durch eine vierspurige Schnellstraße erschlossen. Seine Hütte durfte Cuppy behalten, besuchte sie aber nur noch gelegentlich. Stattdessen wohnte er im Greenwich Village und schrieb seine Artikel. Seine satirischen Glossen für den *New Yorker* erschienen später als Bücher. Am glücklichsten sei er gewesen, wenn er in der Bibliothek recherchierte, heißt es. Einer seiner liebsten Aufenthaltsorte war der Bronx Zoo. Obwohl er als Außenseiter und Griesgram galt, hatte er zahlreiche Freunde.

Cuppys letzte Lebensjahre waren von zunehmenden Depressionen geprägt. Als man ihm die Wohnung zu kündigen drohte, nahm er Schlaftabletten und starb am 19. September 1949 im Krankenhaus. Er wurde in Auburn begraben. Der Lyriker William Benét schrieb: »Er hatte den gehetzten Gesichtsausdruck eines wirklichen Humoristen. Seine Freunde haben ihn geliebt.«